墨香财经学术文库

"十二五"辽宁省重点图书出版规划项目

教育部人文社会科学研究规划基金项目（10YJA790096）研究成果

The Research on the Women's Microcredit and the Rural Finance Issues

妇女小额信贷及农村金融问题研究

李树杰◎著

东北财经大学出版社
Dongbei University of Finance & Economics Press
大连

图书在版编目（CIP）数据

妇女小额信贷及农村金融问题研究 / 李树杰著. —大连：东北财经大学出版社，2015.9

（墨香财经学术文库）

ISBN 978-7-5654-2111-2

Ⅰ. 妇… Ⅱ. 李… Ⅲ. 农业信贷-贷款管理-研究-中国 Ⅳ. F832.43

中国版本图书馆CIP数据核字（2015）第225516号

东北财经大学出版社出版发行

大连市黑石礁尖山街217号 邮政编码 116025

教学支持：（0411）84710309

营 销 部：（0411）84710711

总 编 室：（0411）84710523

网 址：http：//www. dufep. cn

读者信箱：dufep @ dufe. edu. cn

大连图腾彩色印刷有限公司印刷

幅面尺寸：170mm×240mm 字数：170千字 印张：12 1/4 插页：1

2015年9月第1版 2015年9月第1次印刷

责任编辑：石真珍 孙冰洁 责任校对：惠恩乐

封面设计：冀贵收 版式设计：钟福建

定价：36.00元

序

小额信贷问题多衍生于农村金融领域，作为一个既能直接帮助贫困弱势群体获取生产经营发展资金支持，又不明显增加其偿债负担的贷款品种，在解决一般百姓就业、创业和脱贫致富方面发挥了越来越重要的作用。

随着我国国家财力的增长，作为一种福利类型的小额信贷，像中华全国妇女联合会、共青团中央、中华全国总工会、中国残疾人联合会等群团组织也得到了国家专项财政金融政策的支持，其中最有力的政策就是对小额贷款的贴息。自从 2009 年 5 月中华全国妇女联合会联合财政部、人力资源和社会保障部、中国人民银行推出妇女小额担保贴息贷款政策以来，不仅贷款额有了突飞猛进的发展，累计贷款余额达千亿元以上，而且越来越多的借贷妇女通过创业致富，大大提升了她们从事经济建设的信心和干劲，提升了她们的经济社会地位。

李树杰教授，作为全国第一所直属中华全国妇女联合会的公办全日制本科女子普通高等学校的专职教师，从事妇女小额信贷问题的研究已逾十载，在妇女小额信贷的基础经济学原理，相关政策、实务、监管、调查等方面有相当多的研究，成果丰厚。尤其是，他获得了教育部人文社会科学研究规划基金项目“促进妇女发展的财政金融政策研究：以财政贴息妇女小额担保贷款为例”的支持，对妇女小额贷款的状况、经验、问题、绩效、措施、政策等具体问题进行了深入的研究，撰写和发表了不少论著，对于全国的妇联组织进一步完善小额信贷管理制度和相关支持政策具有直接的借鉴意义和参考价值。

应该说，随着政府、慈善机构、民间组织和广大学者对小额信贷问题的重视和研究，研究小额信贷问题的著述已经不少，但专门从妇女角度研究小额信贷问题的专著尚属少见，故李教授这本著作正好是小额信贷研究性别化的填补空白之作。祝愿他在相关研究方面取得更多的成就，产生更大的影响，在服务公益、服务百姓、服务小微企业方面，发挥更大的作用，作出更大的贡献！

中国小额信贷联盟理事长　杜晓山

2015 年 8 月 15 日

目录

第一章　小额信贷基础

第一节　何为真实的小额信贷?

“小额信贷”这一概念本来是个舶来品，是 20 世纪 90 年代国内学者从孟加拉格莱珉银行（Grameen Bank）实施的“microfinance”翻译而来（后来，学者才意识到，应该翻译为“微型金融”或“微金融”等更贴切一些）。虽然小额信贷对推动“三农”经济的发展和扶贫工作正在发挥重要的作用，然而，在中国金融理论和实务界对于小额信贷概念的界定和内涵的理解还存在误区。莫多克（Morduch）认为小额信贷是一种“高利率的无担保的小额贷款”，杜晓山认为小额信贷是“小额度的持续的信贷服务活动”，国务院扶贫办认为小额信贷是“向穷人提供信贷服务帮助他们摆脱贫困的特殊信贷方式”，等等。这些概念界定都只是片面强调 microfinance 的一个侧面，那就是放贷功能。另外，虽然焦瑾璞和杨骏将其扩充为向“客户提供额度较小的金融服务”（这就涵盖了其为参加成员或社员提供信贷、吸储、理财和结算等功能），但没有强调“为贫困妇女提供这种服务”这一小额信贷创设之根本出发点。我们从孟加拉学来的这个小额信贷，是穆罕姆德·尤努斯教授专门为贫困人口创设的包括提供小额度信贷在内的全方位的金融服务，后来又特别强调了为贫困妇女提供这种服务（乡村银行的借款人97%是妇女）。从这个角度来衡量，乔安娜·雷格伍德的“使低收入妇女和男人受益”、“向低收入客户或个体经营者提供金融服务，通常包括储蓄和信贷”的界定就更贴近真实小额信贷的本质了。

由此看来，microfinance这个词，从最初就应该翻译为“微型金融”，而不是小额信贷。因为只有翻译为微型金融，在我们汉语里才能真正涵盖其向贫困人口提供“小额度信贷、储蓄理财、现金和账户结算等”在内的全部金融服务。这也正是我们所要的“真实的小额信贷”。因此，目前我们国内在很大程度上误解了孟加拉的微型金融，一说国外的“小额信贷”，就认为只是提供小额度的贷款，并且在实践中也只是允许农村信用社等所谓正规金融机构既放贷，又吸储，而其他所有从事小额信贷的机构，只允许做小额度的贷款，不允许为非成员农户提供储蓄和结算等金融服务。[①]即便是个别非政府组织（NGO）的捐助型小额信贷机构、2007年年初在四川建立的贷款公司等以“小组共同基金”等形式接受了一些社员储蓄，但按政府的规定它们只能在参加成员内部吸收储蓄。那么，目前我们把这种主要提供信贷而没有提供储蓄和结算的小额信贷机构认为是孟加拉模式，或干脆就翻译为“microfinance”，是不是有偷换概念之嫌呢？起码有误导之嫌吧？

再退一步讲，即便是仅提供小额度的信贷，也还是要强调“五户联保、整贷零还、小额短期、每周例会”的操作模式。当然，这并不排除根据各地方实际对该模式做些改革，比如根据不同的经济发展水平和农户的需求调整贷款额度上限、将五户联保调整为三户或四户联保、将每周例会调整为半月或整月一次例会等。但无论怎么说，还是要承认，这种模式对于减轻农户偿还负担，避免信贷申请、使用和偿还中的逆向选择、道德风险，降低信贷资产风险是最为有利的方式之一。

现任中国人民银行金融消费权益保护局局长的焦瑾璞博士经过研究

---

① 2006年年底，我国在山西、陕西、四川、贵州、内蒙古等五个试点省建立了NGO小额信贷公司，也只是允许它们向当地农户提供小额度贷款，而不允许吸收储蓄和结算等。它们的资金来源主要是投资者自有资金。目前，这些小额信贷公司都面临因不能吸收储蓄而导致难以满足农户的借贷需求、资金逐渐匮乏的难题。

认为，在团体贷款制度下，那些互相了解且风险水平相近的借款人，将会自动组合成联保小组，并把风险较高的潜在借款人排除在小组之外(peer selection)。这种联保小组机制的“信用发现”功能，有利于克服信息不对称造成的逆向选择，也有助于减轻贷款机构承担的高昂的交易成本，从而也有利于降低小额信贷的市场利率，提高贷款的偿还率，并可以提高社会福利（Ghatak，1999）。另外，“静态博弈”理论证明，这种小组联保、定期例会的模式，确实能够让借款人之间互相监督，督促借款人按照在借款协议上允诺的用途使用贷款资金。这又将有利于降低资金使用中的道德风险。再有，真正的小额信贷模式还强调“信贷循环使用，额度逐渐累进”的动态激励机制。该机制的基本特征是只要借款人每次都能按时足额地偿还本息，那么，他在下一次借款时就能借得比上一次金额更大的贷款。这种累进放款机制本身就构成对借款人按时还款的激励。用模型来表示就是，只要 $Y^{t+1}_{npv} > Y^{t}_{npv}$ ①，借款人就有较强的还款动力。

为什么还要强调小额信贷中的“整贷零还、小额短期”呢？这是因为整贷零还的办法，在借款人某一期出现还款推迟时，具有“早期风险预警”的功能，能提前发现那些具有较大潜在风险的借款人，从而避免所有的信贷风险在期末的时候一次集中暴露，可以为小额信贷机构赢得更多的时间采取补救措施，尽量减少损失。而小额短期的规定更能分散小额信贷机构全部资产的“集中风险”和降低“期限风险”。此外，有些 NGO 小额信贷机构实行的“小组共同基金”确实能够发挥“贷款损失备付金”的作用，对于解决因部分到期贷款未能及时收回而造成的“流动性风险”能够起到一定的缓冲作用。

总之，无论从理论上分析，还是从实践检验来看，按照以扶助贫困妇女为主要目标、以“五户联保、整贷零还、小额短期、每周例会”模式或类似模式运作、能够向成员和非成员吸收储蓄和提供结算的全方位金融服务的小额信贷，才是真实的小额信贷（microfinance）。不按这种

---

① Y^{t+1}_{npv} 为借款人在时间序列上第 t+1 期的收益现值，即第 t 期的贷款额，$Y^{t+1}_{npv} = Y \times \left[\frac{(1-i)(1-\alpha^t\delta^t)}{1-\alpha\delta} + \alpha^t\delta^t\right]$，其中，Y 为借款人第一期的收入；i 为每期的利率；α为激励系数；δ为借款人对未来收入的贴现率。

模式运作的其他种种所谓的“小额信贷”，无论成功与否，都不是真正意义上的小额信贷，只能算作小额度的“信用放款”、“农户信用贷款”，变相担保性质的“小额贷款”、“小企业贷款”等。而这些信贷机构主要是在扶富，并不是在扶贫！

第二节 中国小额信贷工作中急需思考的几个问题

关于“小额信贷”问题，最近国内炒作得沸沸扬扬，从政府到民间都在关注，已经超越金融或经济领域，成为众多的社会热点之一。然而，对这一问题的理论理解和实践运行在某些范围内还存在误区，急需澄清；否则，会给中国（以“三农”为主的）金融业的稳健发展带来负面影响。

一、前人如是说

从现代发展经济学中的经济增长函数显见，资本是经济增长的重要决定因素，特别是在劳动力和土地资源几乎存在无限供给弹性，而技术变量弹性几乎为零的情况下，资金便成为经济增长的主要决定因素。从农业经济增长的角度来看，林毅夫（1994）的研究表明，除了制度变迁因素是农业增长的主要源泉外，包括信贷在内的要素投入起到了较为突出的作用。何广文（2002）在研究中也发现，在中国农业高速增长的年代，农村信贷是农村经济发展、农民收入增长的重要贡献因素。

然而，由于以下两方面原因的存在，农村居民融资难现象仍普遍存在：（1）在落后经济体内普遍存在着金融市场的割裂和金融抑制（finance depression）现象（麦金农，1988；肖，1988）。发展中经济体的金融体制的明显特征是“金融的二元性”（financial dualism），即现代金融部门和传统金融部门并存。国有银行垄断经营，利率扭曲，资金供需矛盾突出，信用工具不足，信用形式单一，官方为所谓“正规金融机构”建立的“信贷利率补贴和信贷配给”机制不仅使信贷资金配置效率低下，而且使资金的循环利用效率明显低于商业信贷，形成一方面“三农”资金极其匮乏，另一方面管控资金大笔浪费的矛盾局面。（2）农业的收入不确定性、投资回收的相对长期性、收益的相对低下等特征，决定了“三农”较难成为以追求利润为目标的商业金融的主要服务对象。因此，在“三农”融资问题上存在着明显的市场失灵现象。

20 世纪 70 年代中后期出现的以扶助中低收入阶层为主要目的的“小额信贷”[①]，为解决中国“三农”面临的金融抑制问题提供了一条全新的思路。然而，对于小额信贷概念的界定，在中国理论和实务界就首先存在着误区。一部分人认为小额信贷就是一种小额贷款，如认为“小额信贷是一种向贫困农户直接提供较高利率的无资产担保的小额贷款，并保持高还贷率的扶贫到户方式”（Morduch，1997）。还有一些人认为小额信贷是一种小额贷款及其服务，如“小额信贷，是指专向中低收入阶层提供小额度的持续的信贷服务活动”（杜晓山，2005）。国务院扶贫办将其界定为：通过特定的小额信贷机构为具有一定潜在负债能力的穷人提供信贷服务以帮助他们摆脱贫困的特殊信贷方式。另一些专家将小额信贷界定为向贫困人口提供的小额度的金融服务，如“小额信贷或称微型金融，可定义为一种特殊的金融服务抑或金融机构，它在客户无力提供担保（抵押）品的情况下，以不同于正规金融机构的风险管理技术，为那些被排斥于正规金融体系之外的客户提供额度较小的金融服务，尤其是小额贷款服务”（焦瑾璞和杨骏，2006）。最后一部分专家和从业者则强调小额信贷为贫困妇女提供包括信贷和储蓄在内的全方位金融服务，如“小额信贷是一种经济发展途径，意在使低收入妇女和男人受益。它包括向低收入客户或个体经营者提供金融服务，通常包括储蓄和信贷等”（乔安娜·雷格伍德，2000）。国际小额信贷之父穆罕姆德·尤努斯（Muhammad Yunus，2006）更是直抒胸臆：“传统银行关注的是男性，而格莱珉银行却将优先权提供给女性，乡村银行的借款人 97%是妇女。”

---

① “小额信贷”是从英文 microfinance 翻译而来，这种译法实在不妥。首先，从形式上说，信贷一词在英文中应为“credit”或“loan”。如果将 microcredit 或 microloan 译成小额信贷自无可厚非，但 microfinance 就不能这样译了，而应该翻译为“微型金融”或下文将提出的“真实小额信贷”。其次，从内涵上来讲，无论是孟加拉格莱珉银行，还是印度尼西亚人民银行等，在提到 microfinance 时，都是指放款、存款、结算等全方位的金融服务，甚至还包括向借款人提供与农业经济有关的科技、经营等知识的培训。而信贷一词恐怕只能包括提供贷款等银行信用。因此，将 microfinance 一词翻译为“小额信贷”是一种错译，会导致国人对外国真实小额信贷的曲解！

另外，关于小额信贷的扶助对象问题，国内亦存在分歧，其中主要存在两种截然不同的观点：一是排斥贫困户，认为“贫困户自身能力差，不符合贷款条件”（武建平，2005），认为只有将款贷给现在看来有偿还能力的人，贷款资产才能得以保全；二是认为，既然中国的小额信贷模仿的就是孟加拉等国家的扶贫性微型金融，我们就应该坚持服务低收入群体，特别是低收入妇女[①]，如社科院“扶贫社”项目就非常强调以贫困妇女为主要目标对象，而且效果几乎好于国内所有的小额信贷项目。

再有，对谁最适合做小额信贷的从业者或从业主体，还没有形成一致的意见，或者仍然没有人去认真思考和规范。国内从事或部分从事所谓“小额信贷”的机构可以分为四大类：一是纯粹的地下民间融资（有的没有机构，主要是亲朋之间调剂资金余缺，或无息或低息；有的则是专门从事高利贷的地下机构）；二是专门实施小额信贷的民间非政府组织（NGO）（如社科院的扶贫社、山西省等五省建立的实验性“某某小额贷款公司”、2007 年春节前夕开始审批的村镇银行和村镇贷款有限公司等[②]）；三是由国际援助机构在中国各地方建立的利用其援助资金实施小额信贷的双边开发机构；四是部分从事“农户小额信用贷款”和“农户联保贷款”的所谓正规金融机构（农村信用社、农村商业银行、农村合作银行）[③]。那么，到底哪类机构从事的小额信贷最成功、最能发挥使贫困人口脱贫致富的作用呢？这值得研究。

最后，政府的态度和政策直接决定着小额信贷的发展，特别是民间小额信贷机构的发展壮大。“1998 年 4 月，中国农业银行从农业发展银行接收的扶贫贷款 352 亿，只有 90 亿真正扶贫到户了，且其中不良贷款就占了近 60%”（武建平，2005）。而“农村信用社的总体不良资产比

---

① 信贷获取权实际上是一种人权。正像尤努斯教授（2006）所说：“借贷是一项基本人权，只有建立了这项人权，其他权利才能得到保障。”一无所有的人往往最应该优先获得贷款。孟加拉格莱珉银行看中的不是借款人现在拥有什么，而是她们的潜力。它认为，最贫穷的人往往最拥有发展的潜力。

② 按照官方的披露，2007 年春节前夕，中国银监会核准四川仪陇惠民村镇银行有限责任公司和四川仪陇惠民贷款有限责任公司开业。另外，批准吉林东丰诚信村镇银行股份有限公司、梨树闫家村百信农村资金互助社和青海乐都雨润镇兴乐农村资金互助社等 3 家机构筹建（韩雪萌，2007）。

③ 当然，如果从是否以营利为目的来细分，还可以把第一类分为没有机构的纯粹民间亲朋之间的借贷和高利贷机构，把第二类 NGO 分为以扶贫为主要目的的民间扶贫社式的机构和以营利为主要目的的“某某小额贷款公司”。这样，国内就有六类机构在从事所谓的“小额信贷”业务。

例最高曾经达到50%左右”（周小川，2004）。“正规金融机构”在小额信贷业务中这种不尽如人意的表现，令我们不得不思考谁才是小额信贷业务最合适的从业者，政府应该对小额信贷的主要从业者提供哪些政策性支持。

二、强调小额信贷扶贫性的基础性原因

世界银行《公平与发展：2006年世界发展报告》指出，公平性的基本定义是人人机会均等，享有“机会公平”。而机会公平被认为是目前实现公平的可行方式。世界银行1994年发表的《中国：推动公平的经济增长》深刻分析了中国所面临的重大挑战：日益扩大的收入不公平、大量的贫困人口的存在等。国际上常用基尼系数定量测定社会居民收入分配的差异程度，认为基尼系数低于0.2表示收入过于公平，而0.4是社会分配不平均的警戒线，故基尼系数应保持在0.2~0.4之间，低于0.2，社会动力不足，高于0.4，社会不安定。国家统计局公布的基尼系数显示，2012年我国的基尼系数为0.474，2013年为0.473，2014年为0.469，表明国内居民贫富差距有缩小趋势，但依然较大。收入分配差距拉大是由多方面原因造成的，“对于因个人能力不同而造成的收入差距，国家可以通过社会保障和社会救济来保障困难群体的最低生活需要，但对于机会不平等而造成的收入差距就要改变制度安排，尽可能创造平等竞争的机会，否则既是严重不公，又会极大地阻碍发展和效率”（高国希，2006）。

改革开放30余年来，中国经济迅速发展，中国社会逐渐从温饱型过渡到小康型。2007年中国人均GDP首次超过3 000美元，2010年中国GDP进一步提升至39.8万亿元，经济总量首次超过日本，成为世界第二经济体，人均GDP达到4 300美元左右。但社会矛盾和犯罪率并未呈现出缓解和下降的趋势，以2009年为例，当年全国的刑事立案数继续增长14%，其中以获取财产为中心的犯罪上升最快，盗窃上升了14.4%，诈骗上升了39.3%，拐卖人口上升了153.8%，伪造货币上升了253.8%。中国学者张荆曾对1991—2009年全国的万人刑事案件立案数与基尼系数之间进行相关分析，二者呈现出0.87的正相关。也就是

说，贫富差距越大与犯罪率增长的关系越密切。[①]

俗话说，“人穷志短”，“穷则思变”。这种“志”和“思”对于那些有机会、有技能的人来讲，对社会经济自然会带来积极作用，而对于那些没有机会、没有技能的人来讲，对社会经济必然带来极大的破坏作用。实际上，近年来以恶性报复社会为特征的刑事案件的增多就是一个铁的证明。因此，消除贫困，向贫困人口（包括赤贫人口）提供参与经济建设的平等机会就显得格外重要了。这既是一个经济发展问题，又是一个关乎社会稳定与和谐社会建设的大课题。在我国的农业银行、农村和城市信用社、邮政储蓄银行等金融机构纷纷向纯粹商业银行转变的大背景下，尽快填补“三农”政策性金融的空白，特别是扶贫性金融的缺失，就成为我们的当务之急。

真实小额信贷机构必须以扶贫为己任。当然，为了更长期地扶助贫困人口，应该强调机构的可持续性，但绝不能为了所谓的持续而收过高的利率，只能按照“保本经营”甚或“适当盈利”的原则开展业务，更不能像大部分农村金融机构那样只对（现在看起来）有偿还能力的农户放款，甚至“无保不贷”。另外，小额信贷机构还应该模仿孟加拉格莱珉银行的模式，为借款农户定期聘请农村实用技术人员、市场经营人员等讲解相关知识，服务贫困农户的生产和经营。因此，真实小额信贷机构绝不仅仅是提供完贷款就了事了，而应该成为一个以提供金融服务为核心的全方位的扶贫机构。

总之，以扶助贫困人口（主要是贫困妇女）为主要目标，向她们提供包括贷款、储蓄和结算等全方位金融服务，才是小额信贷的主要目标。不按这种模式运作的其他种种所谓的“小额信贷”（往往只愿锦上添花，不愿雪中送炭!），无论成功与否，都不是真正意义上的小额信贷，只能算作小额度“信用放款”、“农户信用贷款”，担保性质的“小额贷款”、“小企业贷款”等[②]。

---

① 张荆. 影响中国犯罪率攀升的六大关系研究[J]. 中国人民公安大学学报：社会科学版，2011（5）.

② 这里并没有否定这些信贷机构对农村经济增长作用的意思，只是说她们并没把“扶真贫”作为工作目标。

三、为什么要强调以贫困妇女为扶助对象

如果说是否“坚持扶贫”是衡量一个信贷机构是不是真实小额信贷机构的主要标准，那么它是否又做到了“扶助贫困妇女”，就是这一标准的精髓。

关于为什么要坚持小额信贷必须扶贫，这里有如下三点原因：第一，我们国家从“西天（孟加拉和印度等国家）取经”的目的是什么？就是要解决贫困人口（特别是赤贫人口）如何脱贫致富的问题。只有所有人平均经济水平都上升了，国家的总体水平才能够真正提高。这正像发展经济学上著名的“木桶原理”：一块短木条会降低整个水桶装水的高度。第二，贫穷人之所以贫穷，责任并不全在他们自身，往往跟我们的制度设计有着直接的关系。无论是发达国家还是发展中国家，在经济增长的过程中，特别是在经济起飞阶段，往往都会采取一种“重点发展工业，工业剥削农业”的模式，中国也不例外。中国多年来不断拉大的城乡收入、基础设施、教育水平差距等就是铁的佐证。由于工农产品价格剪刀差仍然存在，农民工从城里辛辛苦苦挣来的钱又被“抽离”乡村的现象，更是新时期农业处于比较劣势的鲜明写照。农村资金有效供给不足，中小企业资金尚且紧张，贫困农户就更不待言了。正像尤努斯教授（2006）所疾呼的那样：“贫穷不是穷人造成的，而是他们所处的不公正的社会、错误的理念和失衡的政策等造成的……”第三，扶贫是真实小额信贷机构难以推卸的责任。目前，国家最大的“工、农、中、建”四大银行已经纯商业化了，扶贫这种低利甚至无利的生意自不会干；“农发行”贷款主要是从事大型农业开发项目，贫困农户根本与此无缘；信用社和农村商业银行等要么是“见保”才贷，要么是要求联保小组的成员必须有“合法、稳定的收入”、“还本付息的能力”才贷[①]。这样，那些既没有多少合法稳定的收入，现在看起来又不具备还本付息能力的真正贫困户，就成了告贷无门的纯粹弱势群体。怎么办，放弃他们吗？如果放弃他们，就相当于放弃了占我国大陆面积一半以上的新

① 参见北京农商银行《小企业贷款绿色通道》和《农户联保贷款业务》等宣传材料。

疆、宁夏、青海、甘肃、西藏、内蒙古六个省区的全部人口（8 231 万人），因为 2002 年年底全国未解决温饱问题的人口有 2 820 万人，农村低收入贫困人口有 5 825 万人，两者加起来就有 8 645 万人，占全国农村人口的 11.05%（吕飞杰，2005）。试问，我们能够放弃吗，我们放弃得了吗？无论是从社会公平的角度，还是从国家综合国力的增长来看，扶贫都是真实小额信贷机构不能推卸的责任。扶贫才是小额信贷机构当务的“正业”！

反对小额信贷扶贫的观点认为，将款项以信用放款方式贷给（现在看来）将来没有偿还能力的贫困户，贷款本息的收回没有保障。简言之，这种观点认为穷人既还不起钱，也不会还钱。不可否认，有些靠信用借款的农户是没有偿还到期本息，但原因要么是我们的宣传不到位，比如农户认为国家扶贫款可以无偿使用，要么是信贷人员催收不积极，甚至与农户串谋骗贷，比如四大国有商业银行的呆坏账问题，在很大程度上是由于信贷人员对贷款的收回并不十分关心。当然，也不排除放贷人员与借款人串谋的可能[①]，起码在农村信用社这个问题比较突出。实际上，如果你是真心帮助一个穷人，替他/她在生产经营上出谋划策，而且采用分期还贷、循环使用的办法，又耐心地做好贷前宣传、贷后催收和技术培训工作，相信他/她是能偿还贷款本息的，这一点已经过孟加拉格莱珉银行和国内很多小额信贷机构成功实践的检验。

关于为什么要强调尽量将小额信贷贷放给妇女，其原因有三：第一，在现代经济社会，“男权”主要表现为对经济资源的控制权。无论是在发展中国家还是发达国家，妇女往往都是弱势群体，她们在获取贷款方面就更加处于劣势。因此，妇女一旦取得了贷款，往往格外珍惜，在贷款的使用和偿还上加倍小心。第二，与男人相比，“妇女更善于持家”；“妇女具有更大的牺牲精神”，随时愿意为家庭作出贡献；妇女会更主动地精打细算，否则会“担心受到丈夫的责怪”（穆罕姆德·尤努

① 正像银监会主席刘明康在 2007 年底召开的四家国有商业银行现场检查通报会上所说的那样，2005 年银监会共查出四大银行及省分行等机构问题贷款 5 885 亿元，四大行贷款“存在部分违规问题”，“贷款分类质量有待提高，项目贷款管理仍然薄弱，个人消费贷款违规问题还比较突出，部分分支机构违规问题屡查屡犯，大案要案屡屡发生”，要严防“关联交易、交叉违约风险”等（见韩雪萌．四大银行百余家机构因违规受处罚[N]. 金融时报,2007-12-27（1）。

斯，2006）[①]。第三，实践已经证明，凡是按照“五户联保、整贷零还、小额短期、每周例会”模式或类似模式将小额信贷重点发放给贫困妇女的项目，都是很成功的，而未能按照这一方式发放的小额信贷其成功概率总是逊色于上述方式。中国社会科学院农村发展研究所和贫困问题研究中心利用福特基金在河北省易县建立的“易县扶贫经济社”，采用上述模式，坚持以扶持贫困妇女为主的运作目标（妇女用款金额占到82%，帮助妇女从事其擅长的家庭养殖和小商贸等项目），以提供小额度生产性贷款的方式帮助农户发展经济，并要求资金回收和循环使用。经过10年的运转，其累计还款率达到96.6%。根据福特基金会资助专家的抽样调查，该扶贫社项目成功率达到96%（周学仁，2005）。内蒙古赤峰市妇联与联合国开发计划署（UNDP）共同成立的“内蒙古扶贫与妇女参与发展项目”，坚持“贷穷不贷富，贷女不贷男，不用抵押，五户联保，整借零还，连续贷款，强制储蓄，中心会议，可持续利率（8%），项目自选，技术培训”的模式，经过4年的运转，不仅还款率达到100%，而且运营资产回报率达10%（霍桂林，郝金莲，2005）。另外，爱德基金会在云南、广西、宁夏、甘肃、山西、江苏、贵州等省区开展的小额信贷项目的回收率也高达99%（何文，2005）；1999—2002年，云南省木兰县妇联与联合国人口基金会开展的“妇女参与发展项目”（县妇联主席担任项目办主任），贷款偿还率也高达96%，贷款收益率还达到5.2%（杨秀娥，2005），等等。成功的案例不胜枚举。

四、谁最应该成为真实小额信贷的从业者

上文已经述及，目前国内从事小额信贷业务的机构大致分为四类，其中第一类是国家不承认的纯地下金融机构，属于取缔或有待合法化的部分。后三类机构，若根据上文关于“真实小额信贷”机构的界定，结合以“贫困妇女为扶助对象”的标准来衡量，其中（据笔者实地调查）山西等五省的“小额贷款公司”发放的贷款利率皆在16%~22%，太

① 实际上，尤努斯创办的格莱珉银行最初只把一半目标放在扶助妇女上。但经过若干年的实践检验，他发现，无论从社会公平，还是从贷款效益和促进经济增长最大化的角度来看，更应该将扶助的主要目标放在妇女身上，特别是放在扶助家庭主妇身上。直至现在，格莱珉银行的借款人中已有97%是妇女。

高，真正贫困人口的涉农项目难以承受，并且也没有坚持主要发放给贫困人口，更不用说贫困妇女（李树杰，2006）。所以，它们其实属于纯商业性信贷机构。而农村信用社和农村商业银行等“正规金融机构”，由于产权模糊，经营者并不十分关心资产的增值保值，甚至利用入股社员的资金为自己牟私利。按照焦瑾璞和杨骏的话说，这些“所谓正规金融机构的所谓‘小额信贷’只是基于‘特定政策目标的额度较小的普通贷款’”[①]。至于2007年春节前夕国家开始审批的村镇银行和村镇贷款有限公司等机构，前者因为要求必须有当地一个金融机构参股20%，所以其前景和效果还难以预料；后者因为只允许在成员内吸储和结算[②]，所以仍然不能算作真实小额信贷机构。

如此看来，只有社科院杜晓山教授创办的扶贫社和国际援助机构在中国各地方建立的利用援助资金实施小额信贷的双边开发机构，才比较接近真实小额信贷的内涵（国家还没允许它们从事向非成员公众提供储蓄和结算业务）。这两种机构的共同特点，一是坚持扶贫，并且大多坚持扶助贫困妇女，坚持“五户联保、整贷零还、小额短期、每周例会”的操作模式或类似模式，强调资金的有偿和循环使用，即坚持了真实小额信贷的基本原则。二是这些机构的资金有相当一部分是通过妇联机构直接管理下发，或由妇联提供借款人信用证明的。三是这两类机构的资金都是来自国内外的援助资金，特别是它们都有效利用了国际援助资金，收到了良好的效果。也就是说，妇联在其中发挥了很好的助推作用。因此，全国妇联机构管理这种非营利性或低营利性、主要靠国内外援助的资金（含政府拨付的一部分扶贫资金），不失为一个最为明智的选择[③]。关于更详细的理由，陈述如下：

第一，妇联组织的性质使然。按照全国妇联的章程，中华全国妇女联合会是全国各族各界妇女为争取进一步解放而联合起来的社会群众团体[④]。这种“社会群众团体”正好适合从国内民间和国际吸收包括捐助

---

① 参见焦瑾璞,杨骏．小额信贷和农村金融[M]. 北京：中国金融出版社,2006：112.

② 参见李晓美．准入机制的良性运转需要配套措施——中国农业大学经济管理学院教授何广文访谈[N]. 金融时报,2007-02-15（11）.

③ 这一建议是有理论根据的，正像有专家研究得出的结论那样：“中国小额信贷面临的追切问题是组织制度层面，其次才是技术层面。”（见孙若梅．中国小额信贷的发展[M]//杜晓山,等．中国小额信贷十年．北京：社会科学文献出版社,2005.）

④ 参见“中华全国妇女联合会”网站首页关于妇联的章程和职能等内容。

形式在内的资金。另外，只有妇联组织对真实小额信贷主要扶助的妇女群体最为热心和关心，因为只有妇联提出了带领“全国各族各界妇女”“争取解放”的口号。再有，这种单笔金额非常小的微型金融，单位交易成本相对大型金融活动要高得多，而且收益率相对较低，市场份额不大，大中型金融机构根本不屑一顾。因此，真实小额信贷正好适宜在全国妇联系统开展。

第二，妇联的基本职能之一就是带领妇女参与经济建设。妇联组织的基本职能是：团结、动员广大妇女参与经济建设和社会发展，代表和维护妇女利益，促进男女平等。国际小额信贷之父尤努斯教授创办小额信贷机构的主要目的就是要帮助贫困妇女摆脱贫困，实现男女平权。我国引入小额信贷的目的也是让贫困人口脱贫致富，而贫困人口中的多一半是妇女。只有妇女有了经济自主权，特别是直接从事经济建设的本领，才谈得上男女平等。所以，妇联从事真实小额信贷活动实属分内之事。而且，在中国农村男性剩余劳动力大批转移到城市务工的大背景下，农村留守妇女便成为主要劳动力。妇联利用小额信贷资金帮助乡村妇女开展种植、养殖生产和小商贸经营，对和谐社会和新农村建设将发挥更大、更直接的作用。

第三，妇联具备组织网络上的保障。中华全国妇女联合会在中国境内拥有密集的组织网络，从国家到每一个行政村都有妇联组织，对全国妇女具有广泛的代表性、群众性和社会性，并且它也是“国家政权的重要社会支柱之一”。这种组织网络上的广泛性和权威性为它从事真实小额信贷活动的代表性、民主性、权威性和可靠性提供了保障，既能够避免金融利益过分向私人金融机构聚集，又能够赢得广大妇女的信赖。

第四，妇联拥有性别和沟通上的优势。妇联组织各级机构的干部几乎清一色是女性，而且这些妇联大姐个个拥有很强的责任心，办事干练，又熟悉农村政策和风土人情，具有难以替代的号召力和威望，“有事找妇联”已经成为农村妇女的思维定式。这种特有的优势非常利于妇联与贫困妇女进行沟通，对于成功开展真实小额信贷业务无疑是一个极好的保证。

第五，妇联组织已经积累了真实小额信贷的从业经验。妇联组织从

20 世纪 90 年代中后期开始就积极参与小额信贷工作，积累了丰富的经验，收效极佳。比如广西壮族自治区，2013 年扶贫小额贷款覆盖范围达 92 个县（含 47 个片区县、重点县）、2 500 多个贫困村，当年贷款规模达 21.9 亿元，与 2010 年相比增长 90.4%，年均增长 23.9%。①再如，云南师宗县妇联自 2009 年实施创业“贷免扶补”政策以来，引导妇女创业发展，开辟破解创业难题新路子。截至 2014 年 8 月，已向 295 名妇女发放贷款 1 592 万元。同时，为保证创业人员成功创业，师宗县妇联还与人社部门联合组织 70 余名创业妇女进行创业培训，提供一对一的现场咨询服务，搭建沟通交流平台，提高创业人员的理论水平和实践能力；定期发送还款短信提示、拨打还款电话提醒，定期或不定期入户走访了解，及时掌握创业人员的项目经营状况、困难，确保创业妇女百分之百创业，百分之百还款。②开始于 1996 年，经由德国的爱德基金会和米索尔基金会赞助以及从县财政等借入资金开展的“爱德盐池县小额信贷系列项目”在盐池县妇联干部的主持下亦取得了可喜的成绩。该项目后来发展为公益性小额信贷机构——盐池县惠民小额贷款公司，扶贫对象已由盐池拓展至同心、红寺堡等县区。截至 2013 年 2 月底，已累计发放贷款 1.2 亿元，扶助 8 510 名妇女创业，每年都有 20 名创业妇女获得“全球微信创业奖”。③这一个个成功的案例，既帮助贫困妇女脱贫致富，又锻炼了妇联干部队伍，使她们在组织和管理金融、经济工作上积累了经验，为整个妇联系统开展真实小额信贷工作打下了基础。

五、政府应该如何支持妇联从事的真实小额信贷工作

在政府指导性市场经济模式下，全国妇联组织系统性成功开展真实小额信贷业务的前提，是中央政府的支持和资助。这主要体现在以下几个方面：

第一，政府要赋予妇联组织领导经济工作的职能和权限。首先，这表现在妇联的章程和基本职能的完善和具体化，添加“利用国内外援助和拨付资金，广泛参与和领导全国妇女的扶贫工作”等职能。其次，在

① 广西扶贫办．广西扶贫小额信贷工作稳步推进[J]. 中国扶贫,2015（12）.
② 窦国丽,刘洪芬．师宗“贷免扶补” 助创业妇女圆梦[N]. 曲靖日报,2014-09-17.
③ 王玉平．盐池县小额贷款助农村妇女精彩生活[N]. 宁夏日报,2013-03-25.

政府工作报告和相关金融法规及条例中赋予妇联系统“利用小额信贷扶助贫困妇女”的权力和能力。最后，经过若干年的实践，如果妇联积累了足够的经验，在适当的时候，可以考虑筹建“妇女扶贫银行”（Women Poor-assistant Bank，WPB）。

第二，政府要允许妇联组织内部建立扶贫性专门机构，发放、回收和管理小额信贷款项，并由政府拨付相应的工资等相关待遇。具体管理方式，由妇联组织专家比照孟加拉等国家比较成功的小额信贷经验，结合中国社科院杜晓山教授领导的扶贫项目以及茅于轼教授领导的扶贫项目等的成功做法研究制定。

第三，政府要向妇联系统提供日常性扶贫资金支持。政府通过现有的国家和省、地、县扶贫机构将原来经过农村信用社下发的扶贫性贷款的一部分（比例待研究，比如目前可以拨付全部扶贫款的 10%）转移给相应的妇联机构拨付，但明确该扶贫款只能发放给经过考核（比如年人均收入低于 850 元人民币）确定贫困的妇女。

第四，政府对妇联开展的真实小额信贷扶贫业务予以像给农村信用社那样的贴息支持。比如也按照农村信用社现行利率月息 3.83‰执行，其中贫困妇女负担 1.92‰，财政补贴 1.92‰。当然，对于来自国际援助的资金利率可以随行就市[①]。

总之，妇联系统全面开展真实小额信贷扶贫工作，是关乎女性地位提高、妇女解放和男女平等的大事，绝不是一朝一夕能够完成的，还需要缜密规划、精心设计，对其中可能产生的风险也应该高度重视和严加防范，但这绝不是我们因噎废食、知难而退的理由。

第三节　标准小额信贷防范金融风险的经济学分析

随着我国政府“全面建设小康社会”和“构建和谐社会”等目标的提出，利用小额信贷扶助“三农”发展，正成为金融理论界和经济实践

① 也许有人会疑惑，为什么国内扶贫贷款利率要比国际援助资金贷款利率低呢？这实际上有两方面的原因：第一，国内扶贫款规模比国际援助资金规模大得多，相对来说单位交易成本就低得多。第二，国内扶贫款毕竟来自“取之于民”也应该“用之于民”的国家税收。既然如此，扶贫款之使用一般是不计使用费的，所收月息能够覆盖成本，并全额收回，保证循环使用，就已经比无偿性财政拨款所发挥的作用大多了。

领域的热门话题。然而，在形形色色的小额信贷中，只有“标准小额信贷”实现了“扶贫性与自身持续性”的双重目标。之所以能达到该目标，是因为它始终坚持“几户联保，整贷零还，小额短期，定期例会，以及向守约的借款人提供后续递增贷款”的运作模式，在防范金融风险方面具有独特的作用。下文将对该模式进行实证分析。

一、“几户联保”避免了小额信贷机构放贷中的逆向选择风险

所谓“几户联保”，是指目标群体自愿结成一个或若干个借款小组，小额信贷机构向该小组发放贷款，每个小组中的成员要对本组内其他借款成员的违约行为承担相应的连带担保责任。按照孟加拉格莱珉银行的经验，每个借款小组最好由 5 户家庭组成，而我国的实践证明，3 户结成一个借款小组更容易一些。

小额信贷公司要求几户联保借款的模式，在规避逆向选择风险时是依靠如下机制发挥作用的：假设借款者分为风险厌恶型和风险偏好型两种类型，两者都可以借来贷款从事某种项目。对于风险厌恶型借款者，其项目成功的概率与成功后的收益分别为 P_s 和 R_s；对于风险偏好型借款者，其项目成功的概率与成功后的收益分别为 P_r 和 R_r。按照经济学的假设，低风险的项目成功的概率高，但收益低，高风险的项目成功的概率低，但收益高。所以，这里我们认为：$P_s > P_r$， $R_s < R_r$。同时，我们假设两种项目的预期收益值相同，即 $\bar{R} = P_sR_s = P_rR_r$。另外，假设两人在不从事各自的项目投资时都能获得固定的工资收入 W。

这时，假设有两户组成借款小组，且两户独立从事项目活动。如果某一户的项目失败，则他可以不用支付小额信贷公司的本息，成本为 0；如果他的项目成功，就要支付利息 R^*。并且规定，一户要为另一户的失败承担连带担保责任，成本为 C^*。

现在有三种组建借款小组的方式：第一种是风险厌恶型农户与风险偏好型农户组建借款小组；第二种是两个风险厌恶型农户组建借款小组；第三种是两个风险偏好型农户组建借款小组。

对于第一种组建方式，风险厌恶型农户的预期收益值为：

$Y_{sr}=\bar{R}-P_s\left[R^*+(1-P_r)C^*\right]$

风险偏好型农户的预期收益值为：

$Y_{rs}=\bar{R}-P_r\left[R^*+(1-P_s)C^*\right]$

对于第二种组建方式，风险厌恶型农户的预期收益值为：

$Y_{ss}=\bar{R}-P_s\left[R^*+(1-P_s)C^*\right]$

对于第三种组建方式，风险偏好型农户的预期收益值为：

$[Y_{rr}=\bar{R}-P_rR^*+(1-P_r)C^*]$

由于我们已经假设 $P_s>P_r$，因此可以推出：

$\bar{R}-P_s\left[R^*+(1-P_s)C^*\right] > \bar{R}-P_s\left[R^*+(1-P_r)C^*\right]$

或

$Y_{ss}>Y_{sr}$

即当一个风险厌恶型农户与另一个同样厌恶风险的农户结成借款小组时，他的预期收益值要大于他与一个风险偏好型农户结成借款小组时自己的预期收益值。因此，风险厌恶型农户是不愿意与风险偏好型农户结成借款小组的。

另外，又由于 $\bar{R}-P_r\left[R^*+(1-P_s)C^*\right] > \bar{R}-P_r\left[R^*+(1-P_r)C^*\right]$，或 $Y_{rs}>Y_{rr}$，所以可以推断：风险偏好型的农户也不愿意再与另一个风险偏好型的农户组成借款小组，因为那会比与风险厌恶型农户组成借款小组的预期收益值低。同样的道理可以推及三人小组、四人小组或五人小组。这样，就保证了同质的农户结成借款小组，即只有风险厌恶型的农户才能组织在一起。“几户联保”借款方式的这种自我筛选功能，在很大程度上避免了小额信贷公司向单一借款人放贷时，因审查不严而被该借款人欺骗的逆向选择风险的发生。另外，还节约了信贷公司对每一个借款人信用状况逐个审查的费用，节省了交易成本。

二、“几户联保，定期例会”避免了农户用款中的道德风险

1. “几户联保”激励借款农户相互监督

借款小组结成以后，小额信贷公司将与其农户签署借贷合约。一旦签署了借款合约，小额信贷公司又将面临农户并不一定认真投资和经营

或者将资金运用于高风险的项目中去的道德风险。小额信贷中的“几户联保”机制是如何规避这种道德风险的呢？

假设投资项目分为两种：安全项目（SI）和风险项目（RI）。我们可以把两个借款农户选择不同项目的双人博弈过程，用其各自的收益率矩阵表列示如下（见表 1-1）：

表 1-1　　**两人联保小组投资项目选择相互监督博弈过程**

		农户 1	
		安全项目 SI	风险项目 RI
农户 2	安全项目 SI	Y_{ss}，Y_{ss}	Y_{rs}，Y_{sr}
	风险项目 RI	Y_{sr}，Y_{rs}	Y_{rr}，Y_{rr}

注：Y_{ss}为农户 1 和农户 2 都选择安全项目时的各自预期收益率；Y_{rs}、Y_{sr}分别为农户 1 选择风险项目而农户 2 选择安全项目时各自的预期收益率；Y_{rr}为农户 1 和农户 2 都选择风险项目时的各自预期收益率。

资料来源　焦瑾璞，杨骏 . 小额信贷和农村金融[M]. 北京：中国金融出版社，2006：60.

由于 $Y_{ss} > Y_{sr}$， $Y_{rs} > Y_{rr}$，所以在小组内农户彼此具有完全信息和共同知识的假设下，这里存在两个纳什均衡解：（Y_{ss}，Y_{ss}）和（Y_{rr}，Y_{rr}），即小组内的两个农户会采取一致的行动，往往是“你选择冒险，我也冒险；你选择安全投资，我也安全投资”。然而，我们又知道（Y_{ss}，Y_{ss}） > （Y_{rr}，Y_{rr}），即双方都选择安全项目投资才是最好的选择。因此，“几户联保”的用款方式，在投资项目的选择上，能够促使借款农户彼此相互监督，避免一方将资金运用于风险更大的项目中去。

2.“定期例会”解决了放款机构与借款农户之间的信息不对称问题

标准小额信贷中的“定期例会”模式是指：小额信贷放款机构工作人员每周或每两周要定期组织召开借款农户议事会。在这种会议上，除了根据新申请借款的农户拥有的土地和财产状况确定和发放贷款以外，还要通告和计收已经借款的农户应该偿还的贷款本息，同时还要求借款农户介绍成功的经验或失败的教训，并要求小组成员尽彼此帮助之责。这些做法都有助于放款机构工作人员及时了解借款农户的用款状况，也可以避免借款农户向高风险项目投资以及因信息不对称而给贷款的偿还带来风险。

三、“几户联保”加“后续递增贷款”避免了农户还款中的道德风险

我们把“几户联保”的农户小额贷款机制按照放款机构是否提供后续贷款分成两种形式：一是放款机构向联保小组各农户分别发放一笔小额信贷，不再发放后续贷款；二是放款机构在向各农户分别发放第一笔小额信贷时就承诺，如果各借款农户到期都能按时偿还第一笔贷款，放款机构就会向他们陆续提供第二笔、第三笔、第四笔贷款……并且每次贷款数额不断递增。

1. 一笔小额信贷后，无后续贷款的模式

当小额信贷机构只发放一笔小额信贷，不再提供后续贷款时，联保小组的农户便有一种冲动，那就是：在完成了投资和生产后，即便产生了足够偿还贷款本息的收入，也倾向于隐瞒收入或低估收入，目的是推卸偿还该笔贷款本息的责任。以两个农户结成的联保借款小组为例：

第一，农户在获得该笔小额信贷后，因为没有希望再次获得贷款，所以两个农户便有动机进行“串谋”，约定在贷款到期时隐瞒各自投资或生产的收入，从而逃避偿还贷款本息的责任。这样做，农户虽失去了信誉，但可以使预期收益最大化；

第二，农户在获得该笔小额信贷后并未串谋，但当投资或生产产生了足够的收入时，两个农户仍然会隐瞒各自的收入，并不会揭露对方的收入（见表 1-2）。

表 1-2　　**两人联保小组在偿还贷款中的一期静态博弈**

<table>
<tr><td colspan="2" rowspan="2"></td><td colspan="2">农户 1</td></tr>
<tr><td>没收入</td><td>有收入</td></tr>
<tr><td rowspan="2">农户 2</td><td>没收入</td><td>不隐瞒收入且不揭露对方，
不隐瞒收入且不揭露对方</td><td>隐瞒收入且不揭露对方，
不隐瞒收入且不揭露对方</td></tr>
<tr><td>有收入</td><td>不隐瞒收入且不揭露对方，
隐瞒收入且不揭露对方</td><td>隐瞒收入且不揭露对方，
隐瞒收入且不揭露对方</td></tr>
</table>

资料来源　焦瑾璞，杨骏．小额信贷和农村金融[M]. 北京：中国金融出版社，2006：60.

从表 1-2 看，当农户 1 和农户 2 都没有收入时，每一方都不愿隐瞒没有收入的现实，目的是推卸偿还贷款的责任，同时也无需揭露对方的情况。

当农户 1 没有收入而农户 2 有收入时，农户 1 自然不会隐瞒收入情况，也不去揭露对方有收入的现实，因为那样是“损人不利己”的，即如果农户 1 揭露了农户 2，反倒会使整个借款小组的情况比被放款机构认为两个农户都没有收入的情况更糟。对于农户 2 来讲，他肯定会隐瞒收入，但不会揭露对方，因为那样会招致对方的报复。

当农户 1 有收入而农户 2 没有收入时，农户 1 会隐瞒收入，但不会揭露对方，而农户 2 没必要隐瞒自己没有收入的现实，且不会做“揭露对方有收入”那种“损人不利己”的事。

当农户 1 有收入而农户 2 也有收入时，他们都会隐瞒收入，也不会揭露对方，从而形成一种“不约而同”的违约同盟。

正因为没有后续递增贷款的激励，联保小组农户即便在有收入时也会隐瞒收入，以达到逃避偿还小额贷款的责任的目的。同时，为了不招致对方的报复，他们彼此也不会揭露对方的情况。因此，“一次放款后无后续贷款”的小额信贷模式将使信贷资产面临绝对的风险。

2. 承诺“一笔小额信贷偿还后，提供后续递增贷款”的标准小额信贷模式

借款农户在偿还了第一笔小额信贷以后，如果能够继续获得下一笔更大数额的贷款，这在无形中是对他的一种激励；相反，如果农户不按时偿还第一笔信贷，那么他甚至他的小组将失去继续获得更大数额贷款的权利。标准小额信贷的这种多期动态激励与动态惩罚机制，在很大程度上规范了借款农户的还款行为，提高了小额信贷机构的资产质量，能够降低贷款偿还中借款人隐瞒收入的道德风险。

同时，提供后续递增贷款的模式，不仅可以迫使一个农户如实汇报真实收入情况，而且可以激励他揭露另一个农户隐瞒真实收入的行为。因为无论另一个农户被放款机构认为是没有收入，还是其有真实收入的现实被放款机构揭穿，该小组都再难获得后续贷款（一个农户没能揭露另一个农户隐瞒收入的做法，亦是一种不诚信的表现）。正是因为有揭

露对方真实收入状况的激励，才促使对方不敢贸然隐瞒收入和逃避还贷。

四、“整贷零还，小额短期”避免了农户还款中的信用风险

1.“整贷零还”降低农户还款的财务压力

标准小额信贷采用的“整贷零还”模式比一般商业贷款的一次性还款模式更人性化，可以大大分散借款农户还款的财务压力。虽然该模式会给借款农户还款带来一定成本，但它在降低放款机构的资产回收风险、保证放款结构的持续经营、培养借款农户的诚信意识等方面的经济和社会效益足以补偿上述成本。当然，具体多长时间偿还一次本息，既可以保证放款机构贷款资产的安全性，又可以最大限度地便利农户还款，还要根据不同地域的经济发展水平和农户所投资的不同项目的生产周期来确定。但无论如何调整还款周期，“整贷零还”的模式还是应该坚持，因为恰恰是这种模式分散和降低了还款的风险。

2.“小额短期”使借款农户在“履约”与“违约”的博弈中更倾向于履约

从一个借款农户的净收益考察，当他到期不偿还贷款本息时，他的净收益值是 $Y+A-C_s$[①]。当贷款数额足够小，且使得违约的社会成本 C_s 远远大于违约的本息 A 时，该农户的净收益就会减少，即变成 $Y-(C_s-A)$。在这种情况下，借款农户就会倾向于履约，因为违约会使他“得不偿失”。反之，当放款数额足够大，使得 $A-C_s>0$ 时，就会使其净收益值急剧增加，借款农户便会甘愿损失社会成本，而倾向于违约。实际上，近年来很多“小额信贷”数额过大，相当一部分农户借款不还的现象印证了这一问题。

以河北省易县扶贫社与河南省南召县扶贫社各自的运作情况为例。南召扶贫社发放的农户小额信贷平均贷款数额在 1 800 元左右，而易县的却在 8 500 元左右。结果，易县扶贫社的小额信贷的拖欠率明显高于

① 其中 Y 是借款农户的预期收益，A 是贷款本息，C_s是违约农户失去的社会成本，包括信誉、后续贷款的获取权、相关生产和经营信息的获取权等。

南召扶贫社（见表 1-3）[①]。1999—2002 年，易县扶贫社农户小额信贷的拖欠率一直在上升，从 1.91%上升到 7.54%，而南召扶贫社农户小额信贷的拖欠率却一直在下降，从 1999 年的 1.34%下降到 2003 年的 0.07%，拖欠率几乎为零。如此看来，科学合理地设定单笔小额信贷的规模，将其限定在较小且适度的数额内，确实在很大程度上影响着放款机构小额信贷资产的质量。

表 1-3 **1996—2003 年河北易县与河南南召扶贫社小额信贷拖欠率比较表**

年份	易县扶贫社农户			南召扶贫社农户		
	贷款余额	拖欠贷款	拖欠率(%)	贷款余额	拖欠贷款	拖欠率(%)
1996	541 930	1 284	0.24	226 320	0	0
1997	1 025 187	6 506	0.63	1 043 433	0	0
1998	1 011 193	40 629	4.02	1 672 683	0	0
1999	2 690 602	51 266	1.91	3 777 660	50 800	1.34
2000	4 284 032	74 877	1.75	4 291 338	50 800	1.18
2001	6 941 850	193 297	2.78	5 808 851	39 073	0.67
2002	7 433 022	560 454	7.54	5 045 629	39 073	0.77
2003	7 325 810	—	—	8 083 915	5 973	0.07

资料来源 改编自孙若梅 . 小额信贷与农民收入[M]. 北京：中国经济出版社，2006：148.

另外，“短期”还款模式也能够降低贷款资产的期限风险，所谓“夜长梦多”便从反面验证了该做法的正确性。因此，标准小额信贷坚持的“小额”与“短期”放贷和还款模式在防范信贷资产偿还的违约风险方面亦能够发挥重要的作用。

五、标准小额信贷的经营绩效

我们可以从农户收入的变化、放贷机构资产质量的变化来考察标准小额信贷的运作绩效。

① 本节中引用的部分表格和数据的年份相对较早，但仍可以说明放款金额过大会导致拖欠率上升这一问题。

首先，标准小额信贷的运用可以增加借款农户的收入。尽管何广文教授利用 Eviews 软件通过把分省的农户收入与农业贷款总额、户均耕地面积、户均人口数等变量作回归发现，农户收入与农业贷款的投放之间在 97%的显著水平上相关，但相关系数仅为+0.06。这仍然说明农业贷款投放每增加 1%，农户收入就会增加 0.06%。

其次，对河南省济源市 100 个借款农户的调查发现，2002 年末济源人均纯收入比 1999 年增长了 67%，从人均 1 147 元增长到人均 2 852 元；户均纯收入比贷款前增长了 1 倍，达到 5 802 元。同时，从济源的不同收入水平农户的占比来看，纯收入在 5 000 元以上农户的数量明显增多，其中纯收入在 5 000～8 000 元的农户比重在贷款后达到了 78%，而贷款前 90%的农户纯收入都在 2 000 元以下（见表 1-4）。

表 1-4 **河南省济源 100 个借款农户**

按纯收入分组的户数比重在贷款前后的变化

户均纯收入（元）	按纯收入分组的户数比重变化情况		
	各组户数占总户数的比重（%）		借款后比借款前增减百分点
	借款前	借款后	
2 000 以下	90	14	-76
2 000～5 000	3	5	2
5 000～8 000	5	78	73
8 000 以上	2	3	1
合计	100	100	0

资料来源　何广文，李莉莉．正规金融机构小额信贷运行机制及其绩效评价[M]．北京：中国财政经济出版社，2005：140.

再次，从国外的情况来看，标准小额信贷对借款农户增收的促进作用也是很明显的。比如 1998—2000 年，印度借用小额信贷的农户的家庭收入从 1 408 美元增加到 1 636 美元，增加 14%；秘鲁的贷款农户家庭也增收 4%左右。从国内外两方面的情况来看，标准小额信贷对于农户增收都是有相当的促进作用的。

最后，标准小额信贷对于放贷机构降低贷款资产拖欠率亦有积极作用。何广文教授通过研究发现，“农户小额信贷是一种高质量的信贷资产”，“小额信贷之所以引起国际社会的广泛关注，一个根本原因就在于小额信贷产品在为中低收入群体提供有效的金融服务的同时，以其较高的还款率降低了从事小额信贷的机构的信贷风险”。他对浙江兰溪市和宁夏平罗县各联社和下属各3家农村信用社的不同贷款的不良比率进行了研究，发现包含联保小额信贷在内的农户小额信用贷款的欠贷率基本上是最低的（见表1-5）。

表1-5 **2001年宁夏平罗县、2002年浙江兰溪市联社及下属信用社各种贷款的欠贷率**

单位：%

	宁夏平罗县联社	高庄信用社	前进信用社	渠口信用社
全部贷款	27.90	15.82	14.28	18.81
农户贷款	17.43	17.40	8.67	13.54
农户小额信用贷款（含联保）	8.45	8.27	4.86	28.18
农业经济组织贷款	55.82	—	81.86	26.12
农村工商业贷款	72.15	—	38.92	—
	浙江兰溪市联社	永昌信用社	香溪信用社	马涧信用社
全部贷款	10.49	5.31	10.14	8.83
农户贷款	11.93	3.25	9.54	7.74
农户小额信用贷款（含联保）	4.57	0.63	15.94	1.80
农业经济组织贷款	7.59	7.90	68.12	95.48
农村工商业贷款	15.22	4.65	6.90	5.78

资料来源 根据何广文、李莉莉整理的宁夏平罗县和浙江省兰溪市农村信用联社及其各自下属三家信用社内部业务资料整理。

从表1-5可以看出，宁夏平罗县联社及下属的高庄信用社和前进信用社的“农户小额信用贷款”的欠贷率分别仅为8.45%、8.27%、4.86%；浙江省兰溪市联社及下属的永昌信用社和马涧信用社的“农户小额信用贷款”欠贷率也分别仅为4.57%、0.63%、1.80%，而其他种类的贷款的欠贷率都大大高于农户小额信用贷款，如“农业经济组织贷款”的欠贷率在两个省的信用社都相当高，马涧信用社的该项贷款欠贷率甚至高达 95.48%。

上述经济学理论分析充分证明：标准小额信贷的“几户联保，整贷零还，小额短期，定期例会，以及向守约的借款人提供后续递增贷款”模式，在客户筛选、贷款发放、贷款使用和本息回收方面，确实能够有效地防范逆向选择风险、道德风险和信用风险等金融风险，既可以有效地促进借款农户的收入增长，又能解决小额信贷机构的信贷拖欠问题。

第四节　小额信贷与新农村和谐社会建设

小额信贷（microcredit），从国际流行的观点看，是指专门向中低收入，甚至没有现实收入的社会阶层提供小额度信贷支持、储蓄服务和结算服务，旨在扶持其脱贫致富的一种金融活动。[①]不言而喻，该定义的内涵就决定了小额信贷工作与中共十六大提出的新农村和谐社会建设有着天然的联系。

一、和谐社会建设的提出正当其时

随着中国经济的高速发展，人均 GDP 有了很大的提高，全国人民的物质文化生活水平都不同程度地有所提高。然而，由于市场经济发展的固有缺陷和中国特有的国情，中国社会经济的发展过程中也暴露出了一些问题，比如城乡差距不是在缩小，而是在拉大，这在 21 世纪初的信息时代的中国表现得更加突出。具体来讲，城乡差距主要表现在以下几个方面：

1. 农业经济发展明显落后于城市

在 20 世纪 80 年代中期，我国城乡发展比较快，城乡发展的差距在缩小。但是从 80 年代后期一直到整个 90 年代的 10 多年时间里，农村的发展速度逐渐减慢。这几年，尽管城乡发展的差距有缩小的趋势，但

① 概括自：杜晓山，等 . 中国小额信贷十年[M]. 北京：社会科学文献出版社，2005：5. RUTHERFORD S. What is Grameen II? Is it up and running in the field yet?[EB/OL].[2015-03-18]. http：//www.microsave.net/resource/hat_is_grameen_ii_is_it_up_and_running_in_the_field_yet#.VQkh-0Wrsus.

仍然较大，基尼系数仍高于 0.4 的警戒线。这样欠发达地区要全面实现小康的目标就很困难。

2. 农村社会矛盾越发激化

这种社会矛盾集中反映在农村刑事犯罪数量的居高不下，尤其在经济较为贫困地区的农村，农村农民刑事犯罪与往年相比呈大幅度上升趋势，严重阻滞农村社会和谐与稳定发展。

当前农村农民犯罪主要表现以下几个特点：犯罪类型主要表现为侵犯财产型犯罪；犯罪主体呈低龄化发展趋势；犯罪主体中初中以下文化程度、文盲占绝大多数；犯罪手段暴力程度上升；犯罪率呈季节性变化；激情犯罪较为突出。①

3. 农民的文化素质仍需提高

关于我国农民的文化素质，我们暂且以农民中文化素质较高的进城务工人员为例来说明一下差距。据《中国经济周刊》与中国社会科学院城市发展与环境研究所 2014 年 3 月联合发布的《中国农业转移人口市民化进程报告》：2012 年，我国农民工的受教育程度仅为城镇居民平均水平的 38.30%。农民工“高中/中专及以上文化人口比重”仅为 26.5%，同期城镇就业人口中该类人口比重为 50.0%；农民工“大专及以上文化人口比重”为 7.8%，同期城镇就业人口中该类人口比重为 25.2%。另外，2012 年，农民工中接受过农业技术培训的约为 10.7%，接受过非农职业技能培训的约为 25.6%。

农民低下的文化素质很难适应现代市场经济发展的需要，更谈不上与西方发达国家的农业、农产品竞争了。而随着农村人口中的妇女化、老年化趋势的显现，妇女的文化素质越来越显得重要，但农村妇女的受教育程度与男性相比却明显低下，女性接受中、高等教育的百分比比男性低了 4%。

4. 农村的政治政权建设有待完善

这集中表现在以下三个方面：第一，改革开放以来，随着计划经济向市场经济的转变，随着毛泽东时代原有的意识形态的逐渐淡出，随着

① 李全华 . 农村农民犯罪状况探析及对策——以山区农村农民犯罪案件分析为视角 [EB/OL].（2010-03-31）[2015-09-04]. http://www.chinacourt.org/article/detail/2010/03/id/401829.shtml.

共产党从一个革命党向执政党的转变，我们原来的从上到下可以一竿子插到底的政权管理机制，到了村这一级出现了断层。也就是说，我们党的方针政策、政权管理机制乃至经济生活，从上到下，到乡镇一级形成一个循环体，而村级以下的广大农民自己形成一个循环体，这两个循环体基本不衔接，形成了断层。第二，农村经济基础的变化给农村基层政权建设带来了新的挑战。前面所说的改革开放以来，“农村经济基础所发生的巨大变化”除了意味着农村经济从计划体制向市场经济转变、农村生产效率提高、农民收入提高这些巨大的成就之外，还有着一些关系到政权巩固的其他方面的具体表现。这些表现主要有：村乃至乡、镇财政基本上破产；大量农民抛弃土地流入城市，土地迅速向大户手中集中；党在处理与大户的关系时面临十分微妙的局面。第三，《中华人民共和国村民委员会组织法》已经给农村带来了巨大的、不可逆转的变化。在新的经济基础，即市场经济条件下，在共产党由革命党转变为执政党的条件下，由村民们民主直选村民委员会，首先在农村推行民主政治，势在必行。

5. 中国共产党第十六届五中全会吹响了“建设社会主义新农村”的号角

“建设社会主义新农村”具有重大深远的意义，这主要体现在：第一，建设社会主义新农村是遏制城乡差距拉大趋势，实现全面建设小康社会战略的一个重要举措。第二，建设社会主义新农村是扩大农村市场需求，消化富余的工业生产能力的根本出路。第三，建设社会主义新农村也是统筹城乡发展，构建新型的城乡关系的一个实际步骤。第四，建设社会主义新农村也是我们党执政为民和代表最大多数人利益的集中体现。

二、资金短缺制约着“三农”经济社会的发展

1. 资金成了农业生产要素中最稀缺的资源

虽然农村信用社也按照政府政策不断增加对“三农”的信贷投放力度，这其中也有近 25%是小额信贷资金（杜晓山，2005），但由于这些资金的间接借用成本高，且多借给了各地方的龙头企业，真正比较贫困

的农户却很难借到小额信贷资金。这种资金只能通过部分农民向龙头企业提供劳动力或原材料间接的“乘数扩张效应”获得收益，对贫困农户的直接扶持作用却不明显。我们在“民间个体、私营企业融投资问卷调查”中发现，农民脱贫致富最紧缺的资源仍然是资金。资金短缺仍然是制约农民脱贫致富奔小康的主要障碍。

2014 年 4 月 22 日，国务院办公厅正式发布了《关于金融服务“三农”发展的若干意见》，要求积极顺应农业适度规模经营、城乡一体化发展等新情况新趋势新要求，进一步提升农村金融服务的能力和水平，实现农村金融与“三农”的共赢发展。《意见》强调，近年来，我国农村金融取得长足发展，初步形成了多层次、较完善的农村金融服务体系，服务覆盖面不断扩大，服务水平不断提高。但总体上看，农村金融仍是整个金融体系中最为薄弱的环节。

“三农”经济发展能力及水平在不同区域大相径庭，与之相匹配的金融服务需求同样具备较大的差异性。国家从宏观经济层面对于农村金融服务与“三农”经济发展的目标及实施要领均作了清晰的规划与部署，而具体落实在实操层面，尤其是落实在千差万别的市场层面，就需要监管机构、地方政府以及各金融机构的协同创新与完善。只有这样，才能使得农村金融服务资源配置更加合理、有效，同时有力促进金融服务与“三农”共赢发展。[①]

2. 资金短缺制约着农村人口文化知识水平的提高

随着我国经济实力的增强，人均教育经费投入明显提高。高等教育的大众化使全国接受大中专教育的人数不断增加。但是，城乡教育投入水平仍然存在着较大差距，如 2011 年，城镇与乡村普通初中生的生均公共经费投入差距高达 962.85 元，而城镇与乡村普通小学生的生均公共经费投入差距也达到 680.50 元。[②]老文盲还没有消除，不懂信息知识和电子计算机等现代信息工具的新文盲又产生了。如何在城市人口信息知识不断积累的背景下，让农村人口的现代信息知识也有较快的提高就

① 张宏斌 . 完善农村金融服务资源配置 促进金融与“三农”共赢发展[N]. 金融时报，2014-04-24.

② 吴吉惠,章义华 . 城乡义务教育经费投入非均等化制度原因分析[J]. 宁波大学学报：教育科学版，2015（7）.

成为我们必须认真对待的当务之急。众所周知，在农村要想提高农民的现代文化知识水平，首先就要建立现代信息基础设施，而这需要大量的资金。因此，资金短缺同样制约着农村人口的文化知识的补充和提高。

3. 资金短缺制约着环境建设，不利于发挥社会主义的优越性、树立党的威望、维护社会的稳定

如果您走访一次乡村，就会发现，相当一部分农村的村容村貌还很差。这有两个方面的原因：一是村的党组织对村容建设不重视；二是缺少改善村容村貌的资金。因此，如何想办法像对待城市的市容建设那样也向乡村投入一定的基础设施建设资金，是摆在我们面前的重要问题。

三、小额信贷的特征与作用

根据国际经验和我国实行的具体做法，小额信贷具有如下特点，对于解决上述问题可以发挥相应的作用：

1. 多贷放给农村妇女

随着青壮劳动力临时性向城市转移，以及农村机械化的普及，闲置的中国农村妇女劳动力越来越多，如何发挥她们的作用，对于农村经济的进一步发展意义重大。以孟加拉穆罕默德·尤努斯为代表的小额信贷创始人，同样看到了这个现象，因此他们开始向乡村妇女提供以脱贫致富为目的的小额信用贷款，产生了很好的效果，他提供的小额信贷有97%是借给了乡村妇女，而且偿还非常及时（Yunus，2006）。小额信贷在中国同样具有很强的推广价值，因为这刚好可以解决农村闲置妇女劳动力与生产资料结合困难的问题，充分发挥人力资源的生产潜力。

2. 仅凭信用放款，有利于诚信建设和社会风气的好转

标准的小额信贷，借款人是不用提供担保品的，仅凭个人或联保人的信用提供资金，所以这种做法本身就能够树立诚信意识，改善社会风气。

3. 实行联保制度，有利于合作经济的发展和规模经济效应的形成

为了规避风险，小额信贷机构一般要求 5 户左右的借款人首先建立联保小组，小组成员互相担保信用。这种方式非常有利于小组内部的合作经济组织的建立，进而实现经济的规模化运作和规模经济效应。

4. 手续简便，提高了效率

由于小额信贷的“小额”资金特征，以及多在当地的熟悉人群中放款，为放款机构分散了风险，所以放款人在对借款人信用的审核上就比大银行的信贷审批程序简单多了。这便提高了效率，降低了交易成本以及信息不对称的风险。

5. 用途多样，可以全方位推动“三农”经济发展

按照国际经验，小额信贷可以投入种植业、养殖业、商业和贩运业、乡村电信业等多种行业。因此，它可以全方位促进“三农”经济社会的发展。

四、我们应采取的行动

建设和谐的社会主义新农村，是我们全民族的事情，无论政府还是民间，都应该紧急行动起来，群策群力，把这一工作做好。

从小额信贷工作来看，一方面是政府要进一步利用正式金融机构比如农村信用社、农业银行、农业发展银行等和国务院扶贫办来开展各种形式的小额信用贷款，扶持乡村经济发展；另一方面，民间和半民间机构比如全国妇联，可以在征得国家有关部门许可的情况下创办小额信贷机构（“小额信贷银行”或“小额信贷联盟”），或者创建“小额信贷征信联盟”，为提供小额信贷的金融机构提供借款人资信，为这项伟大事业作出应有的贡献。

第二章　妇女小额信贷问题

第一节　小额信贷对女性赋权的积极影响研究

近几十年来，非政府组织、村镇银行、信用合作社、私人放贷者等微型金融（microfinance）机构在全世界范围内迅速发展。尽管不是所有的微型金融机构都把妇女作为放贷重点，但就连最强调以效益为中心的私人放贷者中的34%的机构，其客户的80%都是妇女。为了研究微型金融对性别平等的影响，我们不妨提出下列问题：

第一，为什么如此多的微型金融机构选择女性作为它们的主要客户？

第二，瞄准女性放贷的经济学原理是什么？

第三，瞄准女性放贷是否有助于微型金融机构实现经济目标？

第四，微型金融机构如何实现社会范围内和家庭内部的性别平等？

第五，为什么微型金融机构有助于向女性赋权？

一、从几个案例看微型金融的发展与作用

孟加拉的格莱珉银行以其主要为女性提供微型金融服务的独特模式

而备受全球瞩目。始建于 20 世纪 70 年代的该微型金融机构，一开始并没有有意扶助女性，但到了 20 世纪 80 年代，在它的所有客户中女性已经占到 75%左右。到 20 世纪 90 年代，该比例更是高达 91%，客户总规模达到 90 万户。而 2006—2008 年，女性借款人的比例已达到 97%的空前水平（见图 2-1）。到 2008 年，孟加拉格莱珉银行的客户总规模已经达到 800 万户。

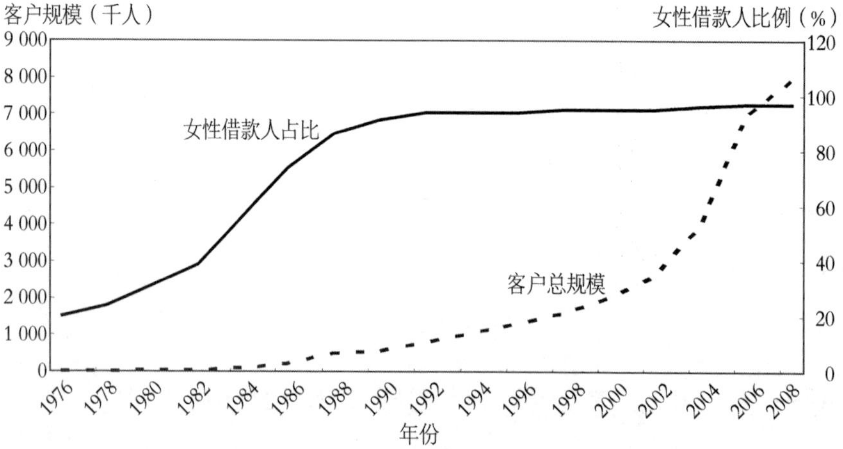

图 2-1 1976—2008 年孟加拉格莱珉银行的女性借款人发展情况

为什么女性借款人占比会达到如此之高的程度？第一，与男性借款人相比，女性借款人有着更好的还款记录；第二，当微型金融机构把同样数额的贷款借给不同性别的借款人时，女性借款人会把钱更多地用于家庭支出，更多地提升借款家庭的净福利，也会更多地刺激经济增长，促进整个社会的发展。坎柯（Khandker）于 2003 年从事的一项实证研究发现，女性借款规模每增长 100%，就能带动借款家庭的人均非食物支出增长 5%、人均食物支出增长 1%，但如果把同样数额的贷款贷放给男性，则只能分别带来 2%的增长和零增长。此外，在孟加拉、玻利维亚等低收入国家，微型金融机构向女性发放信贷还产生了明显的社会意义，比如人口出生率显著下降、中小学女生对男生的比率明显增加。以表 2-1 为例，1970—2007 年，由于成功地开展了微型金融业务，孟加拉和印度尼西亚的出生率都下降了 60%左右，玻利维亚的出生率也下降近 50%，且这三个国家的出生率下降的幅度都大于同期“所有低收入国家”（all low-income countries）的出生率下降幅度（从 5.9‰下降到 4.2‰）。

表 2-1 **1970—2007 年孟加拉、玻利维亚和印度尼西亚人口出生率与女孩受教育比率变动表**

指标	年份	孟加拉	玻利维亚	印度尼西亚	所有低收入国家
出生率（‰）	1970	7.0	6.5	5.5	5.9
	1980	6.1	5.5	4.3	5.3
	1990	4.1	4.8	3.0	4.4
	2000	3.3	4.1	2.4	4.7
	2005	3.0	3.7	2.3	4.4
	2006	2.9	3.6	2.2	4.2
	2007	2.8	3.5	2.2	4.2
中小学女生对男生的比率（%）	2000	102	98	96	84
	2005	—*	—	97	86
	2006	—	98	98	87

资料来源 ARMENDÁRIZ B，MORDUCH J.The economics of microfinance [M].Cambridge，Massachusetts：The MIT Press，2005：181.World Bank.World Development Indicators[EB/OL].[2015-03-18].http：//ddp-ext.worldbank.org/ext/ddpreports/ViewSharedReport.

* 尽管这里没有 2005—2006 年的数据，但其他相关信息显示，孟加拉 6 岁以上的孩子都已经接受或完成了小学教育，参见 http：//www.grameen-info.org/。

另外，表 2-1 还显示了一个重要的变化：2000 年，孟加拉的中小学里，女生对男生的比率已经达到了 102%；印度尼西亚的这一比率则从 2000 年的 96%上升到 2006 年的 98%；而玻利维亚则维持在 98%的高位。所有这些数据都明显高于同期“所有低收入国家”80%多的水平。这些国家之所以能够在教育发展方面取得这样的业绩，很大程度上也得益于微型金融机构和业务在这些国家的发展。

二、为什么选择女性作为金融支持的主要对象

“经济学，作为人类的一种理论和实践尝试，能反映我们理解现实的局限性”，“经济学反映的观点往往更有利于规则的制定者，而忽视了其他人”。长期以来，传统的古典经济学和当今盛行的新古典经济学已经接受了关于妇女特征的传统观点，这在低收入国家表现得更加明显。我们从表 2-2 可以发现，作为主流的新古典经济学认为，男人具有稳定的阳性特征，而女人则具有稳定的阴性特征，即男人更外向、更活跃、更理性，而女人更内向、更被动、更感性。

表 2-2　**主流经济学关于性别特征的观点**

男性	女性
阳性	阴性
外向(市场和政府)	内向(家庭)
主动	被动
理性	感性
精确	模糊
客观	主观
科学	非科学
正式	非正式
自主	依赖

古典经济学是于 16—17 世纪开始对性别特征进行划分的。当时，男人被认为是公正客观的观察者和自然界的控制者，而女人被认为是男人的服务者甚至奴仆。按弗朗西斯·巴科恩（Francis Bacon）的话说，“女人是男人的奴仆，就应该给男人提供服务，这是真理”。

这种对女性的传统偏见，使得女性寻找工作特别困难。相对男性来讲，她们更多的是到非正式行业寻找工作。表 2-3 的最后一列显示，1996—2005 年，在发展中国家和欠发达国家的非正式、非农业行业就业的劳动力中，女性所占比例比较高，在 17 个国家中有 9 个国家超过或达到了 50%，比如在贝宁、肯尼亚和南非的非正式、非农业部门中，女性劳动力就占了 60%以上；乍得、马里的这一比例也超过了 50%，等

等。另外，表 2-3 的前两列数据更直观地揭示了女性在寻找工作上的无奈，在从农业转移出来的女性劳动力中，大多数人是选择在非正式行业就业，比如贝宁和乍得的农业转出妇女中有 97%被迫到非正式行业就业，而这两国农业转出的男性中只有 83%和 59%到非正式行业就业。就业方面的这种性别差异在其他洲的其他贫困国家也表现出同样的趋势。

表 2-3　**1996—2005 年部分贫困国家非农业劳动力就业选择中的性别差异**

	不同性别农业转出劳动力选择非正式行业就业的比例（%）		在非正式、非农行业就业的农业转出劳动力中女性占比（%）
	女性	男性	
非洲			
贝宁	97	83	62
乍得	97	59	53
几内亚	84	61	37
肯尼亚	83	59	60
马里	96	91	59
南非	30	14	61
拉丁美洲			
玻利维亚	74	55	51
巴西	67	55	47
智利	44	31	46
哥伦比亚	44	42	50
萨尔瓦多	69	47	58
洪都拉斯	65	51	56
墨西哥	55	44	44
亚洲			
印度	91	70	23
印度尼西亚	88	69	43
菲律宾	64	66	46
泰国	54	49	47

资料来源　The United Nations.The World's Women 2007：Trends and Statistics[C].2007：122.

之所以有那么多的女性选择非正式行业就业，其主要原因还是非正式行业的工作一般需要的启动资本少、技能低。这些特点恰恰是微型金融机构的服务对象所具备的特征。如果给女性提供必要的资本和技能培训，也许她们会在较短的时间内获得收益，保证小额信贷本息的偿还。另外，这种瞄准女性的放贷有助于提高社会效益，而社会效益本身又是一个绝佳的口碑广告，会激发更多的客户接受微型金融机构的服务。比如表 2-4 就列示了 2000—2007 年实施微型金融业务比较好的玻利维亚、孟加拉和印度尼西亚的 5 岁以下儿童的死亡率显著降低的情况。这些社会效益的取得源于借款妇女比男人更加关心孩子的健康。也正因为有了这样的效果，全球范围内才把微型金融看做一种向女性赋权、实现男女平等的有效手段。

表 2-4 **2000—2007 年玻利维亚、孟加拉和印度尼西亚 5 岁以下儿童死亡率降低情况**

单位：‰

年份	玻利维亚	孟加拉	印度尼西亚
2000	84	91	48
2005	65	68	36
2006	61	64	34
2007	57	61	31

资料来源 World Bank.World Development Indicators[EB/OL].[2015-03-18]. http：//ddp-ext.worldbank.org/ext/ddpreports/ViewSharedReport.

除了传统的性别特征偏见和就业选择上的劣势地位，对女性歧视的第二种表现是相对男性来讲，女性的识字率偏低，比如 2005 年苏丹、印度、伊拉克和赤道几内亚的 15 岁以上的女性识字率分别比男性低 19%、23%、20%和 13%。对女性歧视的第三种表现是父母对女婴的忽视和对女性胎儿的选择性堕胎现象，特别是在贫困国家，这一现象表现得更加明显。这些父母们为什么不情愿把更多的食物供给女婴呢？那是因为他们错误地认为女性在获取收入和创造财富方面不如男性。事实上，真实的情况是广大女性所承担的繁重家务劳动没有得到社会的普遍认可，更没有计入家庭或社会收入。另外，迄今为止，也没有任何数据资料能够证明，在同等条件下，提供同样数额的信贷支持，会在男性与女性企业家所创造的经济收入方面存在什么差异。对女性歧视的第四种表现是资本在男女之间的不平等配置，即女性能够获得的资本过少。举例来讲，对于性别平等状况相对较好的美国，1988—1998 年其女性领导的企业平均只获得了 6.6%的风险资本。可以肯定地讲，在性别平等落实得较差的大多数贫穷国家，这一比例会更低。也许正是这种信贷约束，促使广大妇女宁愿接受“小额、分期偿还、联保、每周例会和定期培训”这些“繁文缛节”，也要选择小额信贷这种金融服务。

从微型金融机构本身来讲，向妇女们提供金融特别是小额信贷业务可以给机构带来更多的经济收入。其原因有二：第一，按照传统的性别观，女性对于投资更加谨慎，同时也更乐意接受联保小组其他成员和信贷员关于如何投资的建议。这样，女性在偿还银行借款方面比男性就更可靠。例如坎柯就发现，1991 年，美国男性借款的逾期率为 15.3%，而女性只有 1.3%。另外，亚洲也表现出同样的状况。再有，2005 年西方经济学家发现，危地马拉的女性借款人很少将小额贷款挪作他用，而男性将小额贷款挪作他用的比例明显高于女性。第二，相对男性来讲，女性较少外出，一般在家里或附近工作。这样，女性借款人给微型金融机构带来的道德风险也就小，微型金融机构对她们的监管成本也就低，要求其偿还借款的难度也较小。因此，向女性联保小组提供信贷的管理成本会低于向男性提供的信贷的管理成本。

如此看来，无论是从向女性赋权，还是从微型金融机构本身增收来讲，非政府组织、工商企业和政府等各种机构都应该向广大有创业意向的妇女提供微型金融服务。正像孟加拉的尤努斯教授说的那样：“经济增长和政治民主绝难最终实现，除非占人口一半的女性能够同男性一样参与其中。”可喜的是，微型金融，作为消除对女性的经济抑制和社会束缚的有效手段，正得到越来越多的人和机构的接受和实践。

三、忽视家庭内部博弈：新古典经济学的缺陷

新古典经济学认为家庭是经济体的基本单位，即假设家庭内部成员之间的意见是完全一致的。这里，新古典经济学就犯了一个错误，即忽

视家庭内部的冲突和性别问题。20 世纪 60 年代，前诺贝尔经济学奖得主加里·贝克尔（Gary Becker）在其《家庭契约》（Treaties on the Family）中提出了所谓的“单位理论”（Unitary Approach）。该理论过分强调家庭的经济效益，而忽视了性别意识。彼特利兹（Beatriz）等经济学家用比喻法描述了贝克尔的观点：在贝克尔看来，“一美元就是一美元，不管是家里的谁创造了这笔收入”。另外，该理论还强调，为了提高家庭收入，在选择工种前，应该首先进行性别分工；认为男人在外边做工、女人在家里或在非正式行业就业才能给家庭带来更多的收入。

实际上，经济收入的增加带给男女的影响程度是不同的。波曼（Berhman）等经济学家举例说明了经济增长水平的变化对丈夫和妻子各自对男孩、女孩的关心程度的变化方式的影响。他们用花费在男孩、女孩健康和教育上的支出调整来表示对孩子的关心程度的变化。我们可以用三种无差异曲线来表示对男孩、女孩支出之间的关系。[①]

第一种情况，用图 2-2 中的“L 形无差异曲线”来表示妇女尽量避免在男孩、女孩的健康和教育上过分偏重任何一方。在男孩的健康和教育状况未发生任何变化的前提下，如果女孩的健康和教育状况有所改善，折线上的 A 点就会向 B 点移动。第二种情况，刚好与第一种情况相反，假设妇女完全忽视不同性别孩子之间的性别平等问题，此时的无差异曲线将会是向下倾斜的“I-I 直线”。这表示，如果男孩获得了更多的家庭资源，那么女孩获得的家庭资源就会减少。实际的情况也的确如此，即男孩总会从家庭中获得比女孩更多的金钱和食物。其原因是，人们认为男孩在力量和获取收入的潜力方面比女孩更有优势。当 I-I 直线上的一个点向纵轴靠拢时，男孩的福利在增加，女孩的福利在减少。第三种情况介于上述两者之间，用无差异曲线 C 来表示，即在性别平等的追求与获取收入的能力之间形成了博弈，在强调男孩在增加家庭收入上的重要作用的同时，也关注女孩权益的维护。因此，C 线是介于

① 作者对波曼的无差异曲线作了重新设计，将原来交于直线 I-I 上的三条无差异曲线作了分离，并设计了若干条折线，因为随着向借款人提供的微型金融业务的增多，借款人家庭应该能够获得更多的收入，因而也就应该享有更高的效用。

I-I 直线与 L 形折线之间的折中线。

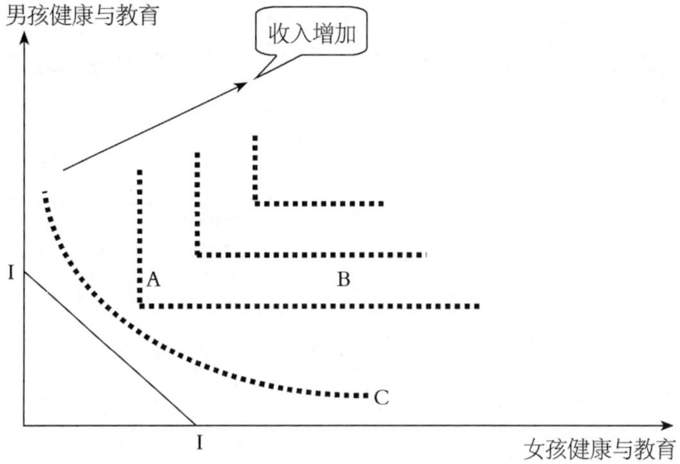

图 2-2 经济状况与家庭内资源分配偏好

一般来说，随着一个家庭收入水平的提高和经济状况的好转，在家庭内男性与女性成员之间的资源分配会趋向于平等。因此，图 2-2 中的无差异曲线会从坐标图的左下方向右上方平移。而且，线形会从表现“性别歧视型分配模式”的直线，向表现“性别弱歧视型分配模式”的曲线，直至向表现“性别平等型分配模式”的折线转化。如此看来，提高家庭总收入肯定有利于抑制性别不平等。

然而，经济学家彼特利兹和乔纳森（Beatriz and Jonathan）发现，丈夫与妻子对男孩与女孩有着不同的偏好。一般来说，妻子更注重性别平等，无差异曲线更接近 L 形折线，而丈夫则比较偏爱男孩，无差异曲线更贴近直线。也就是说，家庭中妇女的经济权利越大，越有利于性别平等。无独有偶，罗森维格和斯库兹（Rosenzweig and Schultz）在印度调查时也发现，在女性更容易找到工作的乡村地区，女婴的死亡率要比女性较难找到工作的地区低得多。这说明，女性获取收入的能力会直接影响女婴的死亡率。这是为什么呢？实际上，一个家庭的内部决策意见并不是完全一致的，最终是男性主导，还是女性主导，常常取决于两性在博弈或讨价还价（trade-off and bargaining）方面的比较优势。比如，笔者在中国的贫困县涞水县开展的小额信贷扶贫调查发现，虽然所有的小额信贷发放都是由妇女签署合同、接收款项，但只有 66.5%的妇女声明，贷款的使用完全由妇女自己决定，不受丈夫或儿子的控制。但是，我们后期的数据处理与实证研究发现，女性主导的投资项目的收入水平比男性主导的投资项目的收入水平还高一些：女性主导项目的人均收入：男性主导项目的人均收入=1∶0.987。也就是说，在使用小额信贷的能力方面，中国女性比男性还略胜一筹。这就是我们要坚持发展小额信贷业务，且该业务确实也愈发壮大的原因。

因此，我们可以得出这样的结论：除了要提高家庭的总收入水平，还必须直接提高女性的就业机会，增加女性的经济收入。这样才能消除对女性的资本供给约束，才能最终消除性别歧视。而专门瞄准女性提供小额金融服务的微型金融机构，恰恰就能满足这样一种要求。它不仅能够提高家庭收入，还能培养妇女讨价还价的能力，提升女性的社会经济地位，促进男女平等。其独特作用是其他所有金融业务不可替代的。

四、向妇女放贷的效应强于男性的原因简析

很多研究表明，与放贷给男性相比，放贷给女性对实现性别平等和经济增长所产生的积极作用会更大一些。比如，坎柯 2003 年在墨西哥从事实证研究时发现，PROGRESA 项目官员更愿意把粮票和现金发放给妇女，而不是她们的丈夫。原因是有些妇女的丈夫一旦拿到粮票或现金，就会把粮票卖掉买酒喝，或者用发放的现金直接去赌博或买烟抽。另外，安德森（Anderson）等经济学家 2002 年也发现，肯尼亚的妇女之所以参加那里的 ROSCA 项目，是为了存点钱，而到该项目机构存钱的主要目的是避免让她们的丈夫拿到钱去胡花乱花。①

另外，恩格尔（Engle）曾对危地马拉的妇女与其丈夫获取收入以后对孩子营养状况的影响的异同进行了研究。他发现，相对于丈夫，妇女增加收入对孩子的营养状况的改善作用会更大一些。另一项研究也指出，妇女手中的钱与丈夫手中的钱相比，对消除孩子的营养不良状况作用会更强一些。托马斯（Thomas）更是具体地计算出，平均来讲，妇

① PROGRESA 项目和 ROSCA 项目都是以扶持非常贫困的妇女发展为主要目的的项目。前者在墨西哥实施，强调所扶助妇女的孩子受教育、全家享受基本的保健和医疗服务；后者在肯尼亚实施，是帮助极端贫困人口发展致富的民间微型金融组织。

女获取同样的收入对家庭成员的积极影响是丈夫获取同样收入对家庭成员积极影响的 20 倍！增加妇女讨价还价的能力能够大大提高家庭分配在成员保健、孩子教育和住房等方面的预算支出的份额。

笔者在涞水县开展的小额信贷扶贫调查中也发现，由于借用小额信贷的妇女对孩子的保健支出增加了，所以她们的孩子的患病率和医疗支出确实在下降，在小额信贷扶贫项目实施的前五年所有孩子的医疗总支出年均下降了 12.5%。这从另一方面证实了微型金融扶助妇女增收和提升妇女经济社会地位的必要性和正确性。

五、微型金融有助于女性赋权的原因

微型金融不仅有利于扶助妇女获得经济收入、实现经济目标，提高妇女在家庭内的决策能力，还可以在家庭内对妇女起到保护作用，比如丈夫对妻子的暴力行为会得到一定程度的遏制。这正像穆罕默德·尤努斯教授 2007 年在其《16 个决定》（Sixteen Decisions）中所回答的那样，为了实现社会目标，“我们将随时准备彼此帮助。如果哪个组员遇到困难，我们都会出手相救”（第 14 条）；“如果我们发现哪个贷款中心的组员有违背纪律的情况，我们都会去帮助恢复纪律”（第 15 条）。也就是说，如果借款小组的妇女被丈夫实施暴力、性施虐或被禁闭在家里，借款小组的成员就会前去询问，了解该妇女没有参加联保小组例会的原因。如果组员们发现该名妇女被施虐，她们就会谴责其丈夫。如果由于丈夫施虐直接或间接导致其借款不能按时按额偿还，该丈夫对此要负责偿还，甚至承担法律责任。

微型金融促使妇女们采取避孕措施，以控制家庭规模。避孕套和避孕药的使用大大降低了生育率，把妇女们从多次怀孕、生产和抚育孩子的繁重任务中解放出来。当然，丈夫们之所以也同意妻子采取避孕措施，那是因为微型金融大大增加了妇女生育孩子的时间机会成本。同时联保小组内的其他成员也会向多次怀孕的妇女施加压力，迫使她们减少家庭人口数，以增加技能培训时间，更好地管理投资项目，最终保证所借小额信贷的偿还，从而不必连累联保小组的其他成员。

微型金融有利于刺激借款妇女们走出家门，参加各种社会活动。例如，尤努斯的《16 个决定》中的第 16 条规定："我们将集中参加所有社会活动。"这条规定和相关活动大大增加了女性的社会地位，赋予了妇女们更多的公共权利和政治权利。

总之，越来越多的微型金融机构选择越来越多的女性作为放贷对象，其表面原因是女性有着比男性更好的信用记录，能够给家庭、社会带来更多的经济收入，而其深层原因在于：第一，微型金融利用对女性的传统性别偏见形成的结果（在低启动资本、低技能的非正式行业就业）去扶助她们，有助于实现性别平等；第二，微型金融有助于降低儿童死亡率，提高识字率，降低女婴堕胎率等；第三，通过向妇女发放信贷可以削弱对女性的资本约束，帮助她们直接提高经济收入；第四，由于女性在投资方面相对谨慎、活动半径较男性为小，她们借款的逾期率明显低于男性。另外，新古典经济学倡导的传统的性别分工忽视了家庭内部的性别博弈。实际上，随着家庭收入的增加，体现对男孩、女孩不同关心程度的组合曲线会从直线（通过曲线）向 L 形折线转化，即通过微型金融增加家庭收入有助于消除性别不平等。而进一步的研究证明，仅此还不够，只有妇女直接获取经济收入的能力提高了，性别平等才能真正实现。另外，微型金融之所以有助于提升女性赋权水平，其根本原因在于它有助于提高妇女生育过多孩子所耗费时间的机会成本，并通过联保小组内的连带责任、成员监督等机制保护妇女权益。

第二节　用小额担保贷款解决妇女创业就业问题

为鼓励妇女以创业带动就业，支持"三农"发展，财政部、中国人民银行、人力资源和社会保障部在 2008 年 8 月 28 日发布《关于印发〈小额担保贷款财政贴息资金管理办法〉的通知》的基础上，2009 年 7 月 27 日，全国妇联又联合三部委发布了《关于完善小额担保贷款财政贴息政策推动妇女创业就业工作的通知》（以下简称《通知》）。《通知》在贷款覆盖面、贷款额度、贷款组织、奖补机制等方面都实现了新的突破。然而，由于地方差异的存在和对国家政策理解上的出入，各地的实际操作方式与国家的政策设计之间还是存在一定的偏差，值得我们分析和关注。

在现行政策的实际运作中，财政贴息妇女小额担保贷款涉及的部门与环节较多，这让亟待创业就业的妇女望而却步，最终放弃借款。因此，我们必须简化贷款程序，缩短贷款审批时间，提高贷款效率，建议各地政府模仿高新区联合办公模式，将相关部门集中起来，为借款妇女提供一站式“一条龙”服务，提高借贷效率。

财政贴息妇女小额贷款的根本制约因素是借款妇女能否提供个人抵押或第三方担保。因此，要积极发挥地方政府或村镇社区政府、各级妇联的组织优势，动员和组织行业协会、自发组织等构建联合担保小组，向作为协会或组织成员的借款妇女提供反担保；引入再担保机制，积极拓展担保物范围，同时对此类贴息性贷款免于反担保，在妇女提供了属于此信用社区成员的书面证明后，直接由县市担保中心向放贷银行提供担保。

地方财政资金紧张或政府不重视妇女小额担保贷款工作的情况下，往往会出现担保基金的资金不充足或资金补充不到位问题。这不仅会成为制约妇女小额担保贷款发放的瓶颈，而且不利于发挥担保基金放大贷款资金供给的杠杆作用。因此，中央财政及各地方财政必须相应扩大妇女贴息贷款的担保资金和贴息资金。

对于如何提高贷款项目收益，一方面，财政贴息妇女小额担保贷款各部门对工作人员要开展相关知识培训，着力加强工作人员的能力建设，以便他们给借款妇女提供更多、更具体的金融拓展服务；另一方面，基层妇联组织与当地政府部门要加大对创业就业妇女的技能和相关知识培训力度，提高妇女发现合适的创业项目和有效运营项目、获取收益的能力，切实增强妇女创业就业和增收致富的能力，实现借款妇女、财政部门、经办金融机构和社会的多方共赢。

各地方妇联应加紧联系当地政府，在建立与完善财政贴息妇女小额担保贷款绩效评估机制的基础上，明确考核和奖惩标准，按小额担保贷款回收率给予不同比例的奖惩，奖励资金用于各级妇联组织的工作经费补助。同时，对于追讨不利且形成坏账的妇联干部，要实行一定的惩戒措施；否则，不足以使妇联干部增强责任感和积极性，不足以降低经办银行贷款资产的信用风险。

第三节 标准小额信贷是社会效益与经济效益的双赢

2009 年上半年，全国妇联、财政部、人力资源和社会保障部、中国人民银行 4 部委共同推行的妇女小额担保贴息贷款政策，大大推动了妇女创业就业，为其增收致富及带动当地经济的持续发展发挥了积极的作用。

为深入了解财政贴息妇女小额担保贷款政策的实施进展与现状及地方政府在落实政策中取得的成绩，进一步探讨政策设计与实施中存在的不足、该项政策对妇女创业就业的绩效，以及创业妇女在家庭及社会中政治经济地位的提升等问题，教育部《促进妇女发展的财政金融政策研究：以财政贴息妇女小额担保贷款为例》课题组一行七人，在课题负责人中华女子学院金融系李树杰教授的带领下于 2013 年 7 月 21 日赴江西省永修县进行了为期五天的实地调研。

永修县，地处江西省北部，面积 2 035 平方千米，人口 38 万，正着力打造以有机硅为主导的特色工业制造基地，以绿色食品为主打的优质农副产品供应基地，以云居山、柘林湖、鄱阳湖湿地为依托的文化旅游休闲基地，以宜居宜业为主品牌的昌九走廊城市副中心的“三个基地一个中心”。好的环境迎来好的机遇，为助力全县城乡妇女创业带动就业、促进妇女及其家庭生活水平的提高，县妇联、县就业局与县信用联社、县财政局协力合作，因地制宜地推动了妇女小额担保贴息贷款政策的实施。2010 年至今，全县共发放妇女小额担保贷款 24 044.8 万元，回收率高达 99.98%，有 2 887 名城乡妇女享受贴息贷款，实现了自己的创业致富梦。

此次调研活动分为两个篇章：一是 7 月 22 日上午，课题组成员与江西省永修县妇女小额担保贴息贷款政策相关部门负责人开展座谈。出席座谈会的有九江市妇联副主席赵绍宏、永修县副县长闵柳莺、九江市妇联发展部部长陆俊平、永修县妇联主席郝根英，以及永修县就业局、永修县信用联社和邮政储蓄银行等相关部门领导等；二是在后续的三天半时间内，课题组成员在永修县妇联及就业局的协助和支持下，面向永修县城及所辖村镇享受妇女小额担保贴息贷款政策的创业妇女发放调查问卷。该调查共收回有效问卷135份，为课题的后续研究积累了翔实的一手资料。

调研发现，永修县妇女小额担保贴息贷款政策的宣传力度与实施效果非常好，对城镇下岗、失业女性和进城务工妇女及农村妇女创业就业等发挥了积极的推动作用，较好地提升了创业女性个人的综合素质与能力，其在家庭及社会中的地位得到了不同程度的提升。永修县对这项政策的落实效果不仅在江西九江市而且在全国都处于前列。

永修县在落实妇女小额担保贴息贷款政策的过程中，积累了宝贵的经验，值得业界借鉴和参考：

1. 四部门联动协作，优化工作程序

永修县妇女小额担保贴息贷款政策的推动与实施，离不开县妇联、就业局、信用联社及财政局的明确分工与密切合作。县妇联利用其群众根基做好宣传推广与推荐工作，同时加强与各相关部门的协调和沟通；就业局是具体操作实施该项目的实质性单位，通过自己研发的小额信贷网络平台，直接与央行联网，有效避免信息欺诈行为的发生，并负责按政策贴息，及时就贴息的相关问题与信用联社沟通；信用联社根据相关程序决定是否对申请贷款妇女放款及核定放款额度；财政局负责把关，核实资金的使用是否符合政策规定，最终负责贴息。四部门各司其职、密切合作，使放贷程序既高效规范，又严谨公正。

2. 创新贷款机制，原则性与灵活性相结合

永修县妇联在经过调查走访后，同县财政局、县劳动局、县信用合作联社联合制定下发了《关于进一步推动永修县妇女创业小额贷款工作的实施意见》（以下简称《意见》），在贷款对象、贷款方式、贷款额度、财政贴息对象四方面均有所突破。从贷款方式来看，不仅可以办理个人担保贷款；对不能提供担保的申贷对象可以采取评级授信的方式办理；对资信等级不够的，可用其他权属清晰、足值、能够流通变现的资产或权益抵（质）押或具有保证能力的自然人或法人提供连带责任保证；对加入农民专业合作社或其他信用共同体的农妇，还可以采取联保方式贷款。在政策实施中既接受《意见》的指导，又不完全拘泥于《意见》，综合考虑项目资金需求量、经营规模、信用等级、还贷能力等因

素，充分体现了原则性与灵活性相结合的指导思想，重视个体的差异，开展灵活有效的放贷，提高了个体享受政策优惠的力度。同时，根据创业资金需求，2013 年，永修县还普遍提高了妇女小额担保贴息贷款的上限，由之前的 8 万元提高到 10 万元，大大缓解了创业妇女资金紧缺的压力。

3. 加强项目管理，提升服务水平

永修县妇联主动走出去，充分发挥了协调、组织、沟通与宣传的工作，成为借款妇女与就业局和信用社联系的纽带。县就业局不仅研发了全国联网的小额担保贷款网络平台，规范了申报材料的格式与程序，提高了业务咨询服务水平，实现了借款程序的高效化，而且为使贷款“贷得出、收得回、效益好”奠定了基础。信用联社创新了借款手续，要求家庭中的配偶在申请贷款时也要进行签字，确保妇女小额担保贷款的安全度与真实性。为进一步提升服务水平，永修县成立妇女创业就业帮扶中心，专门设立妇女创业贷款窗口，由专人负责提供咨询服务，办理相关业务。

4. 建立示范基地，注重典型带动

典型示范基地“易家河赛芳农副产品展示中心”就是在永修县妇联的积极协调和支持下，由易家河新村的村民张赛芳与合作社 15 位姐妹以联保的方式贷款成立的。她们按照每人信用贷款 8 万元的标准，获得创业信用贷款 120 万元，并享受对 120 万元贷款的利息进行全额财政补贴的优惠。该企业专门生产地方风味的密封粽子、糍粑、青果、鱼干等食品，当年营业额就达一百余万元，取得了经济效益和社会效益的“双赢”，极大地鼓励和扶持了越来越多的妇女就业、创业。此外，永修县政府还搭建了“巾帼创业平台”，“女性就业创业商城”等基地，激励妇女创业就业，力争带动全县符合政策条件的妇女实现“普受惠、常受惠、得实惠”的政策目标。

第四节　妇女小额担保贴息贷款实施效果研究

一、引言

自 2009 年 7 月 27 日，全国妇联与财政部、中国人民银行、人力资源和社会保障部等四部委联合发布《关于完善小额担保贷款财政贴息政策推动妇女创业就业工作的通知》（以下简称《通知》）以来，该政策在解决妇女创业就业方面发挥了显著的作用。“截至 2013 年第四季度末，全国累计发放小额担保贷款 1 803.36 亿元，获贷妇女 358.07 万人次，中央及地方落实财政贴息资金 113.39 亿元。”①

2013 年 7 月和 10 月，教育部《促进妇女发展的财政金融政策研究：以财政贴息妇女小额担保贷款为例》课题组深入到江西省永修县和甘肃省成县开展调查，对借款妇女发放问卷。本节介绍笔者根据问卷调查数据开展定量研究和定性分析的内容。

二、研究设计

1. 研究方法与样本

本研究采取的核心研究方法分为五步：一是设计问卷和开展抽样调查；二是汇总调查数据，并开展描述性统计分析；三是开展变量回归统计分析；四是构建回归模型；五是提出结论和政策建议。问卷由 10 个方面的内容构成，共 32 个指标（见图 2-3）。不过，限于篇幅，本节在此主要介绍后三步。

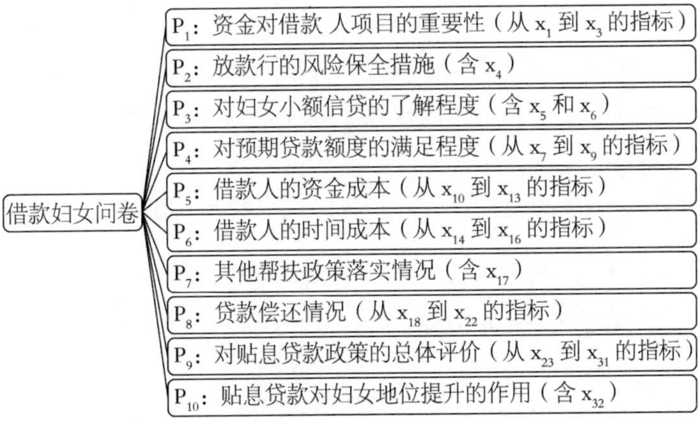

图 2-3　妇女小额担保贴息贷款借款妇女调查问卷结构图

江西省永修县和甘肃省成县是实施《通知》政策效果最好的两个典型县，放贷规模在各自省份的县级单位中名列前茅。2010 年至 2013 年

① 中华全国妇女联合会官网“中国妇女网”的“小额贷款”专栏之“项目介绍”。

3 月，永修县共发放妇女小额担保贷款 2.4 亿多元，回收率高达 99.98%，有 2 887 名城乡妇女享受贴息贷款，实现了自己的创业致富梦。2013 年 3 月，永修县被全国妇联评为“全国妇女小额担保财政贴息贷款先进集体”。截止到 2013 年 9 月底，成县累计发放妇女小额担保贷款近 1.88 亿元，共扶持 3 982 户乡村妇女自主创业就业。[①]

课题组按照 4%的比例抽样，在永修县回收有效问卷 124 份，在成县回收有效问卷 106 份，回收有效问卷总数为 230 份。其中抽样样本涵盖了永修县的全部 15 个乡镇和成县的全部 17 个乡镇的借款妇女。

2. 描述性统计分析、参数估计、模型构建、结论和建议

第一，采用 SPSS 统计软件对调研数据资料进行描述性统计分析。

第二，采用回归分析法，在变量之间进行参数估计。分三步研究：一是进行相关性检验，确认数据是平稳的，比如数据能够通过单位根检验；二是对通过相关性检验的变量作回归分析，其间，对不显著变量进行剔除；三是得出最终回归模型参数，并据此测算变量之间的相关系数。

第三，构建模型。构建回归模型所依据的函数初步确定如下：

$$X_{20} = f(P_2, P_4, P_6, P_7) \tag{1}$$

$$X_{23} = F(P_2, P_4, P_6, P_7, P_8) \tag{2}$$

即，影响妇女小额贷款偿还情况的变量推测主要来自图 2-3 中的第 2、4、6、7 部分的变量；而影响借款妇女对小额贷款满意度的因素推测主要来自第 2、4、6、7、8 部分中的变量。

第四，依据描述性统计分析和回归分析及其模型，对当前实施的小额担保贴息贷款政策提出完善建议。

三、描述性统计分析

1. 资金对借款人项目的重要性（P_1）

这包含三个问题。第一个问题是：“x_1：您创业过程中所面临的最大难题是什么？”230 名被访妇女中，有 92%的妇女选择了“缺乏资金”。可见，缺乏资金仍然是制约妇女创业就业的最大障碍。

① 数据分别由永修县妇联和成县信用社提供。

第二个问题是："x_2：您的创业资金主要来源于哪里？"35%的被访妇女选择了"财政贴息妇女小额担保贷款"，20%选择了"自有资金"，18%选择了"亲朋借款"，还有17%选择了"小额信用贷款"（见图2-4）。也就是说，"财政贴息妇女小额担保贷款"在其创业资金需求总量中发挥主要作用的妇女只占1/3左右。因此，现有财政贴息妇女小额担保贷款额度还没有满足大多数妇女的资金需求，国家还应该进一步加大该政策的实施力度，特别是根据对第一个问题的回答，有92%的妇女认为创业的最大难题还是缺乏资金，那么，满足妇女创业的资金需求就显得更加紧迫。

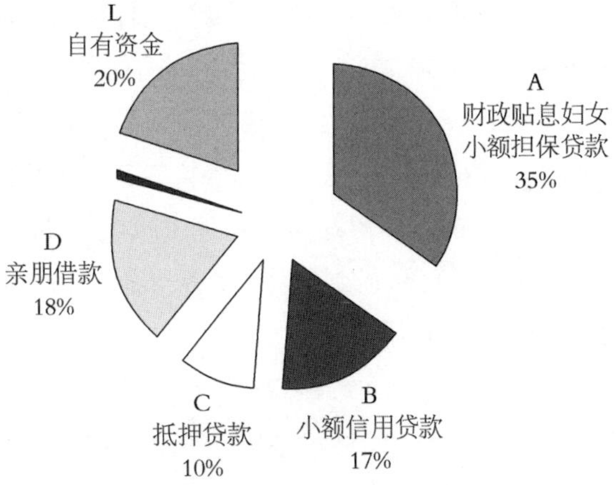

图2-4 妇女创业资金的主要来源结构

第三个问题是："x_3：银行贷款在您创业资金中所占的比重为多少？"230名被访妇女中，有32%的妇女选择了占41%~60%（这跟第二个问题有所吻合），有45%的妇女选择了不足20%，还有17%的妇女选择21%~40%。

2. 放款行的风险保全措施（P_2）

这只包含一个问题："x_4：您提供担保的方式有什么？"对这一问题的回答非常简单，59%的妇女选择"自己的房屋等财产抵押"，37%选择"第三者担保"（两者合计就达到了96%），其余4%选择了"用自己的动产或存单等质押"和"借款者小组联保"，没人选择"无任何担保"。"自己的房屋等财产抵押"和"第三者担保"这两种防范贷款风险的方法，对于放贷金融机构固然安全，但对于乡村借款妇女却是比较苛刻的条件。对于乡村宅基地及房屋，国家并不给农民发放房产证。因此，农村妇女也就不能像城市妇女那样用房产证抵押借款。另外，一般农村妇女也难以找到一个拿国家财政工资的在编工作人员为其提供第三者担保。也就是说，如果各地方政府和金融机构非要求借款妇女提供抵押、质押或第三者担保的话，便会大大限制真正的农村妇女获得该项贴息贷款的机会。

3. 对妇女小额信贷的了解程度（P_3）

这包括两个问题。第一个问题是："x_5：您对财政贴息妇女小额担保贷款政策的了解程度如何?"选择"非常了解"和"较了解"的比例分别为 31%和 41%，合计 72%。第二个问题是："x_6：您从是哪里了解到财政贴息妇女小额担保贷款的?"选择"妇联"和"当地政府"的分别为 38%和 19%，合计 57%；还有 27%是从"亲朋"那里了解到的。这说明当地妇联组织和人社部门等对这项惠民政策宣传得比较好。当然，由于本课题组只调研了已经借到贷款的妇女，而未借到贷款的妇女是否充分了解这项政策，还未可知。

4. 对预期贷款额度的满足程度（P_4）

这包括 x_7、x_8、x_9 三个问题。其中受访者对"x_7：您第一次想申请的贴息贷款金额为多少"以及"x_8：您实际获得的贴息贷款金额为多少"这两个问题的回答差异很大（见表 2-5）。从表 2-5 可以发现，在最高一个借款档次上（"8 万元以上"），存在着"实际借款人数占比"明显低于"期望借款人数占比"的现象，有 61%的妇女期望借到 8 万元以上的贷款，但只有 36%的人满足了贷款需求。[①]这背后的原因，一是基于国家对妇女小额贴息贷款放贷额度上限政策的限制，二是出于对本地区妇女小额贴息贷款放贷总量的控制，三是为了控制贷款风险，金融机构有意在相对较高的金额上拒绝或减少部分借款人的需求。而在 3 万～8 万元之间的各借款档次，金融机构超额满足了借款妇女的需求："实际借款人数占被访借款妇女总人数"（分别为 22%、13%、4%）

---

① 永修县和成县妇女小额贴息担保贷款的上限额度严格执行了国家的统一规定：单个妇女创业最高可以借到 8 万元，三个及以上妇女合伙创业，每人最高可以借到 10 万元。

大于“期望借款人数占被访借款妇女总人数”（分别为16%、9%、1%）。另外一个特殊现象是，在5 000元以下的贷款档次，期望借款人数占比为0，但实际上却有22%的妇女借到了这部分款项；5 100～9 900元的贷款档次，期望借款人数占比11%，但本档次的实际借款人却没有（0）。这一方面可能是因为她们最终降低了贷款额度的要求，决定先投一小笔资金，实验一下项目是否能够成功；另一方面可能是因为金融机构将一部分期望借更高额度款项的人的借款额削减到了较低的额度，增加了较低档次额度贷款的人数。

表2-5　**借款妇女期望借款数额与实际借款数额之间的差异**　单位：万元

借款金额	0.5以下	0.51～0.99	1～1.99	2～2.99	3～3.99	4～4.99	5～7.99	8以上
期望借款人数占比	0	11%	0	2%	1%	9%	16%	61%
实际借款人数占比	22%	0	0	3%	4%	13%	22%	36%

资料来源　根据2013年7月和10月的实地调研数据统计整理。

另一个问题是：“x_9：贴息贷款在您创业资金中所占的比重为多少？”选择“0～20%”、“21%～40%”的分别占19%和44%（合计63%），选择“41%～60%”的只占28%。这说明该贴息贷款政策不可或缺，应完善强化。

5. 借款人的资金成本状况（P_5）

这包括从x_{10}到x_{13}的四个指标。尽管本次调研的是贴息性贷款，但是对“x_{10}：您贴息贷款的利息支付方式如何”这一问题除了81%的被访妇女回答“不付利息”，还是有13%的人回答利息是“先自付，后返还”，有3%的妇女回答“先自付，后部分返还”，另有3%的妇女回答“全部自付利息”（见图2-5）。这其中可能存在三种原因：第一种，借款妇女误把从当地金融机构借来的其他类付息性贷款当做本次调研的贴息性小额担保贷款了。第二种，当地金融机构先让借款妇女支付了利息，然后等上级财政部门下拨贴息后再返还给借款妇女。课题组在调研时，借款妇女还没有拿到贴息款，她们可能误认为已经垫付的利息不再返还了。第三种，受贷妇女获得的贷款利率相对较高，后到位的财政贴息不足以全部补足妇女先期支付的利息。因为国家对妇女小额贷款的贴息，最多补贴同期放贷基准利率加上上浮的 3%的利息，还有未补贴的部分利息，借款妇女可能误认为垫付的所有利息，国家都不补贴了。实际上，就课题组的调研来讲，当地妇联等机构还是较好地落实了妇女小额贷款贴息的政策。

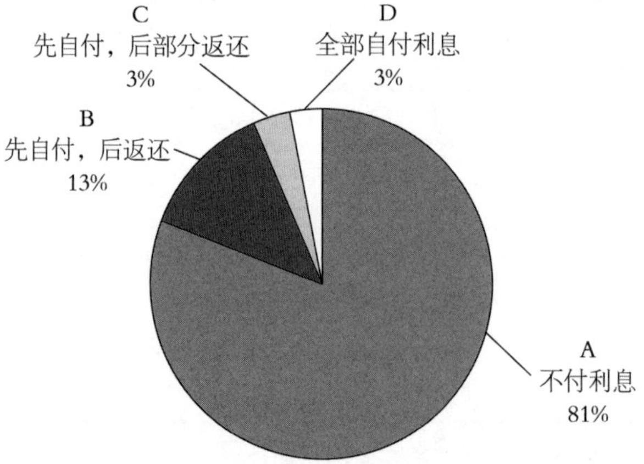

图 2-5　问卷显示出的贴息贷款利息的不同支付方式

被访妇女对"x_{11}：您的贴息贷款的利率高低"的回答基本上与对 x_{10} 的回答相吻合，有 76%（与上述问题中 81%的妇女反映"不付利息"相近）的妇女选择"不用付利息"（47%）和"不清楚利率"（29%）；而回答利率"低于普通贷款利率"、"与普通贷款利率相同"和"高于普通贷款利率"的妇女合计占 24%。

从被访妇女未对"x_{12}：如需自己付利息，从贷款发放起，您多长时间开始偿还利息"作出回答来判断，被访妇女可能多数并未支付利息，即借款妇女在回答 x_{10} 时，多把从其他渠道获得的付息性贷款误认为是此处的贴息小额贷款了，即上述分析的第一种原因较多。

被访妇女对"x_{13}：您获得的贴息贷款的期限多长"的回答，既反映了对妇女创业的支持力度，又反映了妇女偿还贷款的负担状况（见图 2–6）。其中，选择“1.5～2 年”（实际为 2 年）的妇女占 82%，选择“半年到 1 年”（实际为 1 年）的占 15%，选择“2.5～3 年”的仅占 3%。从 82%与 15%的对比来看，大多数妇女还是倾向于扩大借款期限。扩大期限，一可以减轻短期偿还压力，二便于安排生产和积蓄现金流，为以后偿还贷款留出更多的时间。

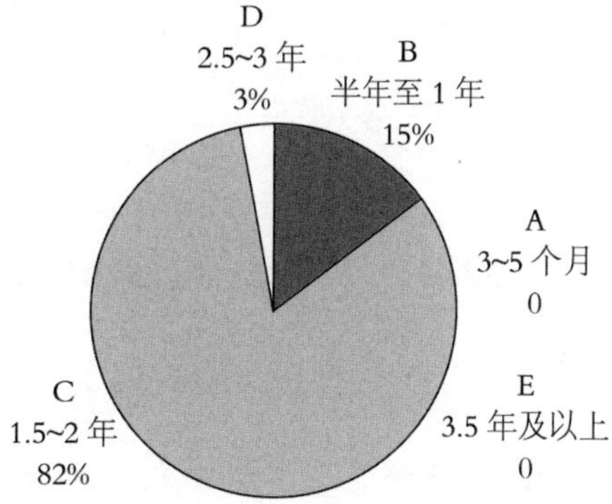

图 2–6 借款妇女获得贴息贷款的期限结构

6. 借款人的时间成本状况（P_6）

这包括三个指标。第一个问题是：“x_{14}：您感觉贴息贷款审批的手续如何？”对此，有 64%的妇女回答“不繁琐”，有 30%的妇女回答“繁琐”和“非常繁琐”。第二个问题是：“x_{15}：最繁琐的手续在哪个环节？”对此，除 56%的妇女选择“其他”外，有 23%的妇女回答最繁琐的环节在“社保局”，有 20%回答在“信用社或银行”。第三个问题是：“x_{16}：从申请到获得贴息贷款需要多长时间？”对此，有一半的妇女选择“半个月以内”，有 20%选择“1 个月”，有 18%选择“2 个月及以上”，只有 5%选择“1 个星期以内”。这相对于现有的民间高利率的小额贷款公司的“当天或次日放贷”的承诺来讲，妇女贴息贷款的手续略显繁琐，效率还有待提高。

7. 其他帮扶政策落实情况（P_7）

这里只设计了一个问题：“x_{17}：您是否接受过创业知识、技能培训等配套服务？”回答“很少”和“从未提供过”的妇女占到被访妇女的 71%，回答“经常”接受培训的妇女只有 17%（见图 2–7）。

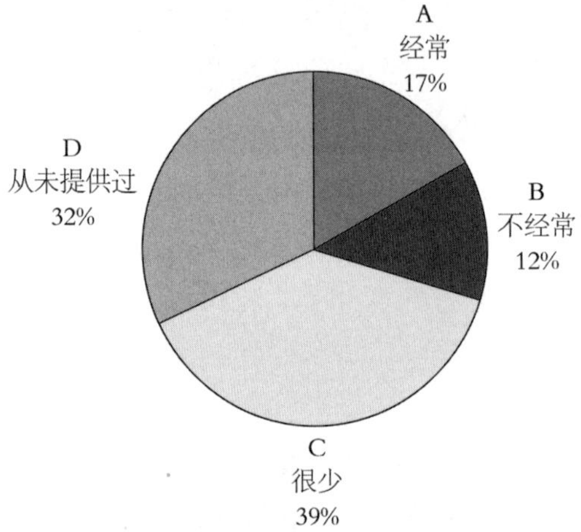

图 2-7 妇女接受相关创业知识和技能培训的比例

8. 贷款偿还情况（P_8）

这包括五个问题。第一个问题是："x_{18}：贴息贷款本金偿还的方式是什么？"对这个问题的回答很简单，选择"到期一次偿还"的占77%，选择"按年偿还"的占 23%。这里应该特别提出永修县的一个创新经验：借款总期限是 2 年（这符合小额贴息贷款最长期限 2 年的国家政策），但为了检验借款人的现金流创造能力、控制风险，要求借款妇女 1 年后偿还一次，但当天又可以贷出。第二个问题是："x_{19}：您感觉贴息贷款还款的压力如何？"选择"不高"的占 64%，选择"高，但能承受"的占 25%，两者合计 89%。这是由于小额贷款金额较小，而且在创业总投资中占的比重不大（就像对 x_9 的回答所显示的那样：63%的借款人的小额贴息贷款只占总投资的 40%以下），所以偿还压力不太大。第三个问题是："x_{20}：您能否准时还款？"回答"能还"的高达 95%，但还有 5%的人选择了"尽力还"。第四个问题是："x_{21}：您通过使用小额贷款是否赚到钱了？"选择"赚到了"的占88%，选择"不清楚"的占 8%。第五个问题是："x_{22}：您还完第一笔贷款后，信用社或银行还会借给您第二笔贷款吗？"（循环贷款激励）选择"还会借给"的占 62%，选择"不清楚"的占 22%，选择"不再借给"的占 16%。对 x_{20}、x_{21}、x_{22} 三个问题的回答中，较大的比例数字进一步佐证了两县妇女小额贷款的高偿还率，而较小的比例数字则提醒放贷金融机构和相关部门还要确立防范风险意识，加强贷后跟踪检查、催收和相关非金融增值服务。

9. 对贴息贷款政策的总体评价（P_9）

这包括 9 个问题。第一个问题是：“x_{23}：您对妇女贴息贷款的满意程度如何？”选择“很满意”和“较满意”的妇女达 95%，可见这一惠民政策在城乡妇女中的受欢迎程度之高。第二个问题是：“x_{24}：您认为应该从哪些方面改进贴息贷款工作？（可多选）”对这一问题的回答比较丰富，高居前列的是选择“提高贷款金额”的妇女，高达 66%，选择“简化贷款手续”的占 56%，选择“延长贷款期限”的占 53%（见图 2-8）。可见，借款妇女对扩大金额和期限、简化手续的要求之迫切。第三个问题是：“x_{25}：您认为与相关工作人员搞好关系对借贷成功的作用有多大？”回答“不用搞关系”的占 79%，选择“很大”的只有 3%。这说明基层部门在执行政策上廉洁奉公，一视同仁，只要申贷妇女满足贷款限额和担保条件，差不多都能借到款项。第四个问题是：“x_{26}：如果第一次申请贷款被拒绝了，可能的原因是什么？”由于本调研对象都是已经借款成功的妇女，所以未要求她们作答。第五个问题是：“x_{27}：在银行贷款申请中，您是否感觉受到歧视了？”选择“否”的妇女高达 98%。看来，这项专门给予妇女借款的权利大大增强了妇女的自信心和满足感。这在对妇女赋权和构建性别平等的和谐社会方面，一定会发挥重要的促进作用。第六个问题是：“x_{28}：在贷款中受到歧视的原因是什么？”由于近 100%的妇女选择没有受到歧视，所以对此问题也就没有作答。第七个问题是：“x_{29}：您认为妇联干部在您创业过程中的作用有多大？”选择“很大”和“较大”的妇女占 61%，选择“一般”和“不清楚”的占 39%。后者说明，妇联干部在帮扶妇女创业就业方面还有很大的工作空间。第八个问题是：“x_{30}：村/镇干部支持您申请贴息贷款创业吗？”选择“一般”的妇女高达 74%，选择“支持”的只有 26%。这说明当地村镇干部在妇女创业就业方面并未发挥太大作用。这与土地联产承包责任制实施以后，乡村组织职能虚置有相当大的关系。第九个问题是：“x_{31}：您家人支持您申请贴息贷款创业吗？”有 98%的妇女选择“支持”，这说明家庭成员希望妇女创业的迫切愿望。

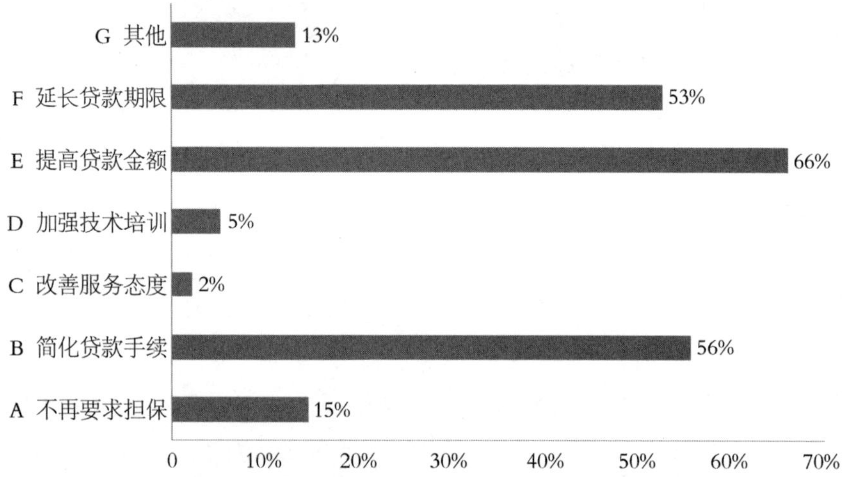

图 2-8 选择完善小额贴息贷款不同工作内容的妇女比重

10. 贴息贷款对妇女地位提升的作用（P_{10}）

本部分只涉及本问卷的最后一个问题："x_{32}：自从申请贴息贷款创业以来，您在家庭和社会上的地位变化如何？"回答"提高了"的占21%，回答"没变"的占77%。这可能反映两种情况：第一，有1/5的借款妇女通过借贷创业得到了家庭和社会的尊敬，自信心增强；第二，由于借款金额不大，大多数妇女感觉社会经济地位的提升不明显，但地位起码没有降低。

四、变量回归分析

为了作定量分析，需要对相关指标值进行变换加工，比如将第四个指标（x_4）的五个选项"A. 第三者担保，B. 自己的房屋等财产抵押，C. 自己的动产或存单等质押，D. 借款者小组联保，E. 无任何担保"，依据获取的难易程度依次赋值为"5、4、3、2、1"档；将第九个指标（x_9）的五档待选项目依次以各项的中值赋值：10%、30%、50%、70%、90%（见表2-6）。

由于上述数据并非时间序列定量型数据，皆为非定量型数据，故不必作平稳性单位根检验。所以，可以直接作相关性分析。但在作相关性

表 2-6　　对调查问卷若干指标的若干选项赋值变换

X_4	A.第三者担保	B.自己的房屋等财产抵押	C.自己的动产或存单等质押	D.借款者小组联保	E.无任何担保
	5	4	3	2	1
X_9 (%)	A.0～20	B.21～40	C.41～60	D.61～80	E.81～100
	10	30	50	70	90
X_{17}	A.经常	B.不经常	C.很少	D.从未提供	
	4	3	2	1	
X_{19}	A.过高，难承受	B.高，但能承受	C.不高	D.低	
	8	7	6	5	
X_{20} (%)	A.能还	B.尽力还	C.寻求展期	D.没能力还	
	100	70	40	10	

资料来源　根据 2013 年 7 月和 10 月的实地调研数据统计整理。

分析时，相关系数的测算方法，不应该选择专门用于定量型数据的参数检验方法（Pearson 积差相关检验法）。加之，本调查问卷的被访对象的答案有向少数选项集中的现象，故本研究选择了“Kendall's tau-b”检验。具体相关性分析的结果见表 2-7。

从表 2-7 中可见，首先，在置信度为 0.01 时，“x_{20}：能否准时还款”情况与借款人“x_4：提供担保的方式”显著相关，且相关系数为-0.220；其次，“x_{20}：能否准时还款”情况与“x_{19}：贴息贷款还款的压力”亦显著相关，相关系数为-0.360；最后，“x_{20}：能否准时还款”情况与“x_9：贴息贷款在创业资金中所占的比重”、“x_{17}：是否接受过创业知识和技能培训等服务”的相关性不显著。

表 2-7　**还款情况与担保方式和还款压力等变量之间的相关性检验系数**

			x_{20}	x_4	x_9	x_{17}	x_{19}
Kendall的tau_b	x_{20}	相关系数	1.000	−0.220**	−0.094	0.085	−0.360**
		Sig.（双侧）		0.001	0.124	0.161	0.000
		N	230	230	230	230	230
	x_4	相关系数	−0.220**	1.000	0.091	−0.205**	0.319**
		Sig.（双侧）	0.001		0.133	0.001	0.000
		N	230	230	230	230	230
	x_9	相关系数	−0.094	0.091	1.000	0.199**	0.178**
		Sig.（双侧）	0.124	0.133		0.000	0.003
		N	230	230	230	230	230
	x_{17}	相关系数	0.085	−0.205**	0.199**	1.000	−0.153**
		Sig.（双侧）	0.161	0.001	0.000		0.009
		N	230	230	230	230	230
	x_{19}	相关系数	−0.360**	0.319**	0.178**	−0.153**	1.000
		Sig.（双侧）	0.000	0.000	0.003	0.009	
		N	230	230	230	230	230

注：**表示在置信度（双侧）为 0.01 时，相关性是显著的。x_{20}代表还款情况，x_4、x_9、x_{17}、x_{19}分别代表提供担保的方式、贴息贷款在创业资金中所占的比重、是否接受过创业知识和技能培训等服务、贴息贷款还款的压力。

接着，以x_{20}作为因变量，对x_4、x_{19}等自变量作回归分析，见表 2-8。

表 2-8　**还款情况与担保方式和还款压力之间的回归系数** [a]

模型		非标准化系数		标准系数	t	Sig.
		B	标准误差	试用版		
1	（常量）	139.291	8.603		16.191	0.000
	x_4	−1.437	1.298	−0.073	−1.106	0.270
	x_{19}	−5.814	1.347	−0.285	−4.318	0.000

a 因变量：x_{20}。

从表 2-8 可以看出，还款情况 x_{20} 与担保方式 x_4 之间的相关性并不显著，而与还款压力 x_{19} 之间的相关性非常显著。因此，在剔除变量 x_4 之后，再作回归（见表 2-9）。

表 2-9　　**还款情况与还款压力之间的回归系数**[a]

模型		非标准化系数		标准系数	t	Sig.
		B	标准误差	试用版		
1	（常量）	135.823	8.016		16.944	0.000
	x_{19}	−6.252	1.288	−0.306	−4.856	0.000

a 因变量：x_{20}。

可以根据表 2-8 构建回归模型：

$$x_{20}=-6.252x_{19}+135.823 \quad (3)$$

从 x_{20} 与 x_{19} 之间的相关系数来分析，借款人的还款压力越大，她能够准时、足额偿还贷款的可能性越低。具体来讲，如果还款压力 x_{19} 的档次值增加 1，那么贷款的偿还情况 x_{20} 的档次值就会降低 6.252。因此，降低还款压力对于放贷金融机构来说就显得尤为重要。

依据同样的方法，对“妇女对小额贷款满意度” x_{23} 及其影响因素，如 x_4、x_8、x_{14}、x_{16}、x_{17}、x_{19} 连续作三次回归分析，先后发现变量 x_8、x_{19} 和 x_4 对 x_{23} 的回归系数在 1%的水平上不显著。然后剔除这三个变量后，再作回归（见表 2-10）。

表 2-10　　**借款妇女对小额贷款的满意度与相关影响因素的回归系数**[a]

模型		非标准化系数		标准系数	t	Sig.
		B	标准误差	试用版		
1	（常量）	5.983	0.415		14.405	0.000
	x_{14}	−0.236	0.057	−0.265	−4.101	0.000
	x_{17}	0.123	0.037	0.204	3.341	0.001
	x_{19}	−0.164	0.067	−0.157	−2.436	0.016

a 因变量：x_{23}。

依据表 2-9，可以构建模型：

$$x_{23} = -0.236x_{14} + 0.123x_{17} - 0.164x_{19} + 5.983 \quad (4)$$

从妇女对小额贷款满意度（x_{23}）模型，我们作这样的解释：第一，该满意度与“小额贴息贷款审批手续”x_{14}呈负相关关系。具体来讲，审批手续复杂程度上升1%，则妇女满意度就会下降0.236%。第二，该满意度与“接受创业知识、技能培训等服务”x_{17}呈正相关关系，即借款妇女接受创业知识和技能服务的强度每增加1%，则妇女满意度就会上升0.123%。第三，该满意度与“还款压力”x_{19}呈负相关关系，可理解为，借款妇女的还款压力越大，她们就越不满意，还款压力值每上升1%，则妇女满意度就会下降0.164%。

五、政策建议

通过本次调研，无论是笔者和课题组其他成员的直观感觉，还是对上述问卷数据的定量统计分析，都可以得出这样的结论：由于90%以上的妇女认为她们创业的最大难题还是缺乏资金，所以小额担保贴息贷款对于妇女创业就业至关重要。因此，继续坚持和加强这一普惠性财金政策对于解决就业和经济增长、城乡差别、三农发展、提升妇女社会经济地位等问题，都具有重大的现实意义。然而，根据调研和上述统计分析，在该政策的实施过程中，相关部委及其下属各级机构还要在以下几方面继续完善工作：

1. 应该渐进式上调贷款额度

随着农村经济的发展和国民人均收入的上升，特别是随着近些年来通货膨胀的加剧，现有的一户创业借款最多8万元和多户合作创业借款（单户）最多10万元的限制，已经不能满足人们开创经济单位或企业的资金需求。因此，应渐进式地提高贷款额度。

2. 对于贷款期限的长短，应授权给放贷金融机构来掌握

贷款期限的长应该由放贷机构根据借款妇女的拟投资项目特征来科学确定，宜长则长，宜短则短，不要一刀切式地都是1年期或2年期。比如，如果借款妇女从事的致富项目需要2.5年或3年的时间，金融机构在经过科学论证的基础上，觉得信用风险和流动性风险可控，也是可以接受的。另外，江西永修部分地区的“2年期贷款、中期偿还、当天

再借出”的“名义 1 年期、实际 2 年期”的创新做法很值得其他省份和机构借鉴。

3. 对于品行优秀的农村妇女，可以开展个人信用担保放贷

鉴于真正在农村开展致富项目的妇女既没有可供抵押的商品房房产证，又不容易找到一个在当地政府工作的全职员工作第三者担保，故建议对于真正的农村妇女创业项目，只凭个人信用来审核风险状况，发放贷款（由本村镇的妇联干部或村行政组织提供“品行证明”、代理跟踪和催收贷款的方式值得借鉴）。

4. 简化贷款手续，提高审核和放贷效率

在本次调研中，有 30%左右的被访妇女回答贴息贷款审批手续“繁琐”和“非常繁琐”，而且回归模型（4）亦显示了贷款审批手续对借款妇女满意度的负面影响，所以建议：第一，要简化申贷妇女需要填制和提交的种种表格、材料等，比如只交一个身份证复印件和签一份贷款合同即可；第二，要减少办事环节，比如借鉴永修县的社保局和信用社的联网查询系统，申贷妇女只需要到放贷金融机构提交身份证复印件，签完合同，其他手续由金融机构在网上跟社保局和妇联核实即可；第三，学习时下新成立的村镇银行的经验，向申贷妇女承诺“对老客户授信的审核期限为 2～3 天，对新客户授信的审核期限为 3～5 天”[①]，靠资金打动新客户，靠效率留住老客户。

5. 妇联要提高整合政商资源的能力和动力，为妇女们提供脱贫致富的创业知识和技能培训等服务

国际上女性金融服务做得好的孟加拉格莱珉银行、印度尼西亚人民银行等扶助贫困妇女创业的成功经验之一就是向她们定期提供创业所需的科技和经济技能。在本次调研中，仅有 17%的被访妇女经常接受创业知识和技能培训。再有，回归模型（4）也显示了创业知识和技能培训对妇女满意度的正面影响。所以，中国的妇联机构要学习国内外的成功经验，充分发挥妇联在整合政府和商界各种资源方面的优势和能力，真正花大力气聘请不同层次、不同领域的技师、专家、学者等定期向全国

① 浙江台州银行控股的子公司银行北京顺义银座村镇银行 2013 年 4 月的“致客户公开信”。

各地各级乡村妇女提供她们创业致富最需要、最实用的技能和知识，真正为妇女创业就业、脱贫致富做“扶上马再送一程的人”。同时，从金融机构防范风险的角度来讲，开展创业的相关知识和技能培训，也是使借款妇女能够“借得到、用得好、还得上”贷款的重要决定因素之一。因此，金融机构应该拿出一部分资金来支持妇女技能的培训和能力的提升。另外，在本次调研中，之所以有高达77%的妇女反映她们的社会经济地位在借款前后“没变”，可能与各级妇联等机构未能经常向她们提供此类培训从而使她们感觉自己不受社会重视等不无关系。

依据回归模型（3）、（4）我们还能得出，只有小额担保贴息贷款的审批手续简化了，效率提高了，各种增值性的创业技能培训等都到位了，才能缓解借款妇女的还款压力，也才能最终提高金融机构贷款的偿还率，降低其资产风险，使妇女小额担保贴息贷款政策进入良性循环，惠及全国更多需要帮助的城乡妇女。

第五节　财政贴息妇女小额担保贷款政策实施过程中的问题与对策

《关于完善小额担保贷款财政贴息政策，推动妇女创业就业工作的通知》（以下简称《通知》），从政策设计上来讲，既照顾到了借款妇女的资金需要，又强调各部门各司其职，将妇女小额担保贷款的信用风险和操作风险降到最小的程度。然而，由于地方差异的存在和对国家政策理解上的出入，各地的实际操作方式与国家的政策设计之间还存在一定的偏差，出现了一些问题，值得分析和关注。同时，本节将向业界提供一些可资借鉴的对策和措施，以期使该政策能够真正发挥辅助妇女创业就业的作用。

一、财政贴息妇女小额担保贷款业务程序的政策设计

按照《通知》的精神，财政贴息妇女小额担保贷款业务的主要当事人有五个：借款妇女、妇联组织、人力资源和社会保障部门、财政担保和贴息部门、经办商业银行。此外，中国人民银行各地支行负责对经办银行开展的该业务进行监管。该业务就是在这几个当事人之间展开的

（见图 2-9）。

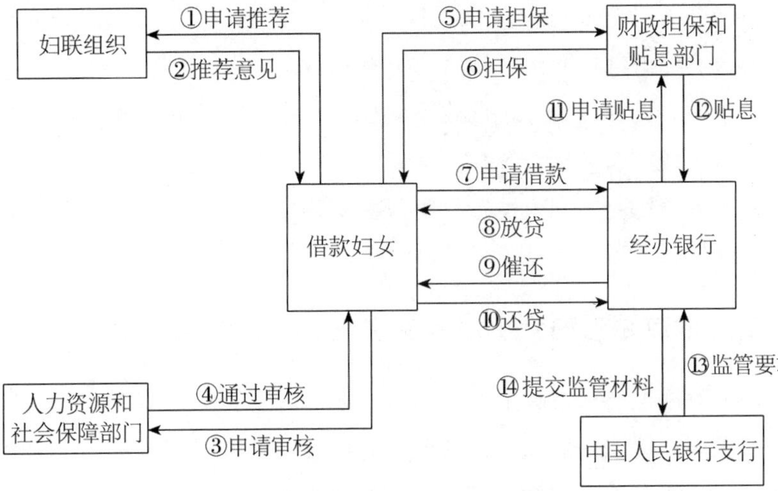

图 2-9　财政贴息妇女小额担保贷款运行程度

为了更透彻地了解和分析图 2-9 中几个当事人开展该业务的程序和过程，可对各个环节分步理解：

①创业或就业妇女向当地妇联组织提出申请，请求妇联提供借贷推荐意见。

②当地妇联组织在确认该妇女的信用状况、经济状况、创业项目、经营能力等情况后，开出是否同意借贷和借贷金额多少的推荐意见。

③借款妇女将妇联推荐意见递交当地人力资源和社会保障部门审核。

④人力资源和社会保障部门通过审核。

⑤借款妇女向财政部门建立的担保机构提交担保申请书（“原则上”不提供反担保）。

⑥担保部门向借款妇女提供担保。

⑦借款妇女凭妇联推荐函、人力资源和社会保障部门审核意见、担保部门担保函，向当地政府指定的经办银行申请贷款。

⑧贷前审核通过后，经办银行向借款妇女发放贷款。

⑨贷款到期前，经办银行在妇联组织的协助下向借款妇女催还贷款。

⑩借款妇女归还贷款本金。

⑪经办银行定期向政府财政部门申请贴息。

⑫政府财政部门向经办银行支付贴息款。

⑬中国人民银行支行定期或不定期要求经办银行提供可供监管的利率、贷款金额和财务报表等相关信息。

⑭经办银行向中国人民银行支行提交相关被监管信息，接受合规性检查。

二、财政贴息妇女小额担保贷款政策在实际操作中的问题

1. 地方规定与国家政策不太相符，要求满足的反担保条件比较苛刻

担保的申请和提供既关系到借款的成败，又涉及借款人的时间成本和经济成本（见图 2-9 的第⑤步和第⑥步）。传统放贷业务往往强调借款人提供担保品，而现代放贷业务并不过分要求借款人提供担保品或抵押品，因为现代金融理论和实践都已经证明，放贷机构的金融资产安全与否，主要不是看借款人是否提供了担保品，而是看借款人的资信状况。如果借款人贷款到期违约，即便他之前提供了担保品，也会给放贷银行带来风险。银行即使能够通过拍卖担保品抵偿贷款，还是要花费时间成本和垫付资金。况且这还会影响银行声誉，打乱银行的日常工作。有鉴于此，《通知》规定“对妇联组织推荐的借款人，经办担保机构原则上不要求借款人提供反担保”，而只由政府出资建立的担保机构替借款妇女向经办银行提供信用担保。

然而，有些地方政府的做法与《通知》精神明显不符，比如鞍山市政府就要求借款妇女向当地“中小企业信用担保中心”提供反担保，具体形式分为三类：“（一）资信担保：财政拨款的机关、事业单位工作人员为借款人做资信担保。（二）抵押担保：借款人用个人产权的经营性房屋进行担保。（三）质押担保：借款人用有价证券等值或超值担保。”

上述做法有两个令人质疑的问题：第一，如果非要借款妇女提供这三种反担保中的一种，那么这与普通小额担保贷款还有什么区别呢？又何以体现政府对妇女创业就业工作的倾斜性支持呢？第二，如果要求借

款妇女必须满足如此之高的反担保条件，中低收入妇女能有多少人借得起这种“财政贴息妇女小额担保贷款”呢？或者说，找不到担保人的农村妇女的资金“可获得性”能有多高呢？很显然，对这些问题的回答几乎都是否定的。

2.“先缴后贴”的贴息方式徒增业务环节，增加妇女借款的交易成本

有的地方政府规定借款妇女在偿还小额担保贷款时，除了偿还本金，还要先偿还利息，只是每年在固定的时间再由财政部门对“符合贴息条件”的贴息借款人支付贴息。如北京市财政局、北京市人力资源和社会保障局、中国人民银行北京营业管理部、北京市妇女联合会于2010年2月12日联合发布的《北京市妇女创业就业小额担保贷款财政贴息管理办法》就提及“履行还本付息责任后贴息的贷款”。具体的贴息时间和方式是北京市财政局于“每年6月30日前，将贴息资金拨付至贴息借款人在贷款经办银行开立的账户”。这种“先缴后贴”的付息方式，无疑会增加借款妇女的时间成本和机会成本。

3. 要求的证明材料太多，而且苛刻，为借款妇女获得贷款增加了难度

借款妇女为了借到财政贴息小额担保贷款，不得不按照当地政府的要求提供如下材料：

（1）法定代表人居民身份证、授权代理人的授权书及代理人居民身份证；

（2）创办人、合伙人或股东的居民身份证；

（3）创办人、合伙人或股东的再就业优惠证、大学毕业证、复员（转业）军人自谋职业证明、农村劳动力转移就业登记证明或农村妇女身份证明（户口簿）；

（4）所招用失业人员的再就业优惠证、大学毕业证、复员（转业）军人自谋职业证明、农村劳动力转移就业登记证明或农村妇女身份证明；

（5）企业营业执照（副本）、企业组织机构代码证；

（6）企业章程及合伙协议书以及企业决定申请融资担保的股东会决议或合伙人会议决议；

（7）妇联或区县人力资源和社会保障局要求提供的其他文件。

过多的证明材料往往会让借款妇女望而却步，最后干脆放弃申请。特别是其中要求妇女必须提供营业执照的规定，更是让农村妇女难以满足。农村妇女的创业形式多为家庭种植业、养殖业，无法形成规模，无法办理工商部门营业执照。因此，这种规定无疑为妇女申请创业就业贷款增加了难度。

4. 对妇联的经费支持规定不明确，奖惩机制不对等，对控制贷款资产风险不利

众所周知，妇联作为一个社会组织或非政府组织，经费非常紧张，所以政府对妇联牵头开展小额担保贷款业务理应提供一定的经费支持。然而，地方相关政策的规定比较模糊，不易把握。比如徐州市财政局、人力资源和社会保障局、金融办、中国人民银行徐州市中心支行、妇联五部门联合发布的《关于完善小额担保贷款财政贴息政策推动妇女创业就业工作的实施细则》，只是模糊地规定了对妇联开展小额担保贷款工作给予“经费保障”、“纳入现行小额担保贷款奖励机制”，而到底提供多少或多大比例的经费或奖励，并无明确规定。这种政策层面的可操作性不足，会使各县乡镇的财政部门在提供这些支持性资金方面难以把握，也必然会影响县乡镇妇联组织开展该贷款业务的积极性和可持续性。再有，从贷后风险控制的角度来看，该政策并没有提出对妇联等机构协助开展此业务的奖惩措施，对于激励妇联干部真正尽职尽责地配合担保中心和放贷银行进行贷前调查和贷后催收等工作不利，从而会给放贷银行带来信用风险。

三、财政贴息妇女小额担保贷款的改进措施

1. 建立基层财政贴息妇女小额担保贷款联合工作机制，提高贷款效率

在现行政策的实际运作中，财政贴息妇女小额担保贷款涉及的部门与环节较多，不仅包括当地妇联组织、人力资源和社会保障部门、财政担保和贴息部门及经办金融机构等部门，还涉及各部门的上级管理部门，直至中央财政；不仅包括贷款的申请、发放和回收等环节，还必须经过证明材料的准备、妇联的推荐、人力资源和社会保障部门的审核、

担保部门的担保、财政部门贴息的垫付与拨付等环节。在相当一部分地区，申请该类贷款的妇女要经过上述多个环节才能获得贷款。这些复杂的环节往往让亟待创业就业的妇女望而却步，最终放弃贷款。因此，为了节约借款妇女的时间成本与交易成本，降低其获得贷款的难度；也为了各相关部门之间的沟通与合作，便于对贷款风险进行监控、管理与核查，提高贷款资产质量；更为了保证国家扶助妇女创业就业的财政贴息政策的有效落实，我们必须简化贷款程序，缩短贷款审批时间，提高贷款效率，建议各地政府模仿高新区联合办公模式，也建立基层财政贴息妇女小额担保贷款联合办公机制，将相关部门集中起来，设立“财政贴息妇女小额担保贷款中心”或办公室，明确“中心”各分部门的工作职责，统一工作时间，联合办公，为借款妇女提供一站式“一条龙”服务，简化审批程序，提高借贷效率。

2. 完善以互助联保为基础的多层次、多元化的创业妇女小额贷款担保体系，降低反担保条件

实际上，财政贴息妇女小额担保贷款的根本制约因素是借款妇女能否提供个人抵押品或第三方担保。目前的情况是，各地方政府的担保中心是在收到借款妇女提供的抵押品或第三方反担保以后才提供正式的担保。而多数妇女短期内既无法提供合格的抵押品，又找不到第三方为其提供合格的反担保。因此，必须独辟蹊径，帮助借款妇女和放款银行解决担保问题。

第一，借鉴、改进农户联保的担保经验与模式，完善创业妇女互助联保方式，发展“多方联保”的模式。积极发挥地方政府或村镇社区政府、各级妇联的组织优势，动员和组织行业协会、自发组织等构建联合担保小组，向作为协会或组织成员的借款妇女提供反担保，比如女企业家协会与生产合作社联合，为组织内的借款妇女向县或市担保中心提供反担保。在这方面，河北省唐山市丰南区妇联组织实施的由商贸城统一为商场的妇女商户提供反担保的经验值得借鉴。或者，由几位借款妇女组成相互担保的联保小组，同时与县市担保中心签订反担保协议；也可以尝试“公司 + 农户”、“农户 + 信用保险”等商业化贷款联合反担保模式；还可以由借款妇女邀请享受财政性工资的亲朋或企业联合为其提

供反担保。

第二，引入再担保机制。由省级财政提供专项资金，在县及以上妇联组织内成立妇女贷款担保中心，专门为经过妇联、人力资源和社会保障局审核合格的借款妇女提供担保，然后由当地担保中心提供再担保。

第三，积极拓展担保物范围，充分利用妇女创业者拥有的股票、债券、应收账款、存单、保险单、房产证，甚至银行承兑汇票、营运车牌、专利、商标、林权、土地经营权等资产和权利，开展融资性担保产品创新，灵活采用多种形式的担保物。

第四，对金融机构或担保机构已明确的“信用社区”，其妇女借取此类贴息性贷款时，可免于反担保，在妇女提供了属于此信用社区成员的书面证明后，直接由县市担保中心向放贷银行提供担保。

3. 适当扩大妇女小额担保贷款的担保资金来源，确保担保资金及时到位

财政贴息妇女小额担保贷款工作的顺利开展，与贷款担保基金、财政贴息资金的到位与否、规模大小有直接密切的关系。根据现行小额担保贷款政策，各省、自治区、直辖市以及地级以上市都要建立小额担保贷款担保基金，所需资金主要由同级财政筹集，专户存储于同级财政部门指定的商业银行，封闭运行，专项用于小额担保贷款。贷款担保基金收取的担保费由地方政府全额向担保机构支付。在地方财政资金紧张或政府不重视妇女小额担保贷款工作的情况下，往往会出现担保基金的资金不充足或资金补充不到位问题。这不仅会成为制约妇女小额担保贷款发放的瓶颈，而且还不利于发挥担保基金放大贷款资金供给的杠杆作用。加之上级财政部门有时不能及时拨付或兑现地方财政垫付的贴息资金。久而久之，就会影响金融机构发放这种贴息贷款的积极性，使该贴息贷款难以持续发展。因此，中央财政及各地方财政必须相应扩大妇女贴息贷款的担保资金和贴息资金。

4. 加大妇女创业相关技能和知识的培训等金融拓展服务，提高贷款项目收益

一方面，财政贴息妇女小额担保贷款各部门对工作人员要开展相关知识培训，着力加强工作人员的能力建设，进一步提高相关工作人员的

业务水平，以便他们给借款妇女提供更多更具体的金融拓展服务。[①]另一方面，基层妇联组织与当地政府部门要加大对创业就业妇女的技能和相关知识培训力度，提高妇女发现合适的创业项目和有效运营项目、获取收益的能力，切实增强妇女创业就业和增收致富的能力，实现妇女成功创业、高还贷率和可持续发展三者的协调，实现借款妇女、财政部门、经办金融机构和社会的多方共赢。为使创业培训切实有效，可将参加相关技能培训并取得培训合格证书作为贷款获批的必要条件，以便妇女获得贷款后能尽快用于创业项目的发展，在提高收入的同时，也培养了她们为生的技能和主动参与社会活动的信心，即在实现贴息妇女担保贷款的经济效益的同时，也创造社会效益。

5. 明确妇女小额担保贷款的激励约束机制，降低贷款风险

《关于完善小额担保贷款财政贴息政策推动妇女创业就业工作的通知》（财金〔2009〕72 号）规定："各级财政部门将对当地妇联组织开展小额担保贷款工作给予经费保障。同时，对基础管理工作扎实、贷款管理工作尽职、小额担保推荐贷款回收率高的妇联组织，纳入现行小额担保贷款奖励机制，奖励资金用于地方各级妇联组织的工作经费补助。"因此，各地方妇联应加紧联系当地政府，在建立与完善财政贴息妇女小额担保贷款绩效评估机制的基础上，明确考核和奖惩标准，按小额担保贷款回收率给予不同比例的奖惩，奖励资金用于各级妇联组织的工作经费补助。如江苏省对妇联组织的奖励，统一规定了全省最低标准，即当年妇女小额担保贷款回收率达 90% 和 95% 以上的，分别按发放总额的 0.5% 和 1% 给予奖励。许多市还根据自身财力提出了更高奖励标准，如南京等地提出 2% ~ 5% 奖励标准[②]，有效调动了工作主体的积极性。根据这些经验，首先，各地方财政部门可以规定，对于推荐的小额担保贷款回收率高、借款妇女真正脱贫致富的妇联干部，要给予一定比例的奖励，比如每月提供回收贷款总额的 0.1%的奖励。也就是说，如果一位妇联干部每月回收了小额担保贷款 80 万元（相当于 10 个

① 这里的金融拓展服务（Finance-Extended Services）主要是指向借款人提供的农业和工商知识及相关创业技能等方面的培训。这种培训恰恰是小额信贷有别于普通商业贷款的独特之处，也是其成功的关键之一。

② 张京霞 . 创新机制务实推进，充分发挥妇女小额担保贷款政策效应[J]. 中国妇运，2010（8）：25-26.

人的最高借款总额），就可以拿到 800 元的奖励。其次，为了约束推荐财政贴息妇女小额担保贷款的妇联干部，激励其认真进行贷前初审、贷后风险控制和到期催收，地方政府还应该明确规定：对妇联推荐的财政贴息妇女小额担保贷款，一旦逾期未还，妇联干部要负一定比例的责任，必须帮助经办银行追讨欠款。对于追讨不利，且形成坏账的妇联干部，要实行一定比例的惩戒措施，比如，对于贷款回收率未达到标准（比如 85%）的妇联组织，当年不能申报先进单位、停发年终奖，甚至不允许该妇联的干部升职等。否则，只有奖励，没有惩戒，不足以使妇联干部增加责任感和积极性，不足以降低经办银行贷款资产的信用风险。

第三章　国外妇女小额信贷典型机构研究

——孟加拉国格莱珉小额信贷银行二次创业的经验

2006 年 10 月 13 日，挪威诺贝尔委员会（The Norwegian Nobel Committee）决定将该年的诺贝尔和平奖授予孟加拉国的穆罕默德·尤努斯（Muhammad Yunus）和他的银行，理由是“尤努斯于 1976 年创办的格莱珉银行（Grameen Bank，又译为乡村银行）在 30 年的岁月中利用其独创的小额信贷（microfinance）[①]支持了数以万计的贫困人口，特别是乡村妇女，使她们摆脱了贫困，促进了社会经济的发展，推动了社会民主进程和人权状况的改善”。[②]

然而，目前国内业界所了解的孟加拉国小额信贷基本是其 2002 年以前的“传统小额信贷”模式，而对于 2002 年以后经过二次创业改革后的现代小额信贷模式人们却知之甚少。截至 2006 年 5 月，经过改革后的“格莱珉银行”借款者已达 674 万人，其中 97%是妇女；分支机构达到 2 259 个；获得该行信贷服务的村庄达 72 833 个，占孟加拉国村庄总数的 86%。格莱珉银行小额信贷的经验，作为一种扶持贫困人口脱贫

---

① 国内习惯上将 microfinance 一词译为“小额信贷”，实际欠妥，因为 microfinance 实际上要包括小额信贷（microcredit）、小额存款（microsaving）、结算等全方位的金融服务，甚至还包括向借款人提供与农业经济有关的科技、经营等知识的培训。

② ANON.Prof. Muhammad Yunus & Grameen Bank awarded the Nobel Peace Prize for 2006[EB/OL].[2015- 03- 18]. http：//www.grameen.com/index.php?option=com_content&task=view&id=12.

致富的成功模式，受到了世界银行、国际食品研究政策署（International Food Research Policy Institute，IFRPI）等国际机构的高度关注并得到广泛研究，更是广大发展中国家和欠发达国家学习的榜样。

一、格莱珉银行的传统小额信贷业务

按照尤努斯的话说，2002 年以前的小额信贷称为“传统小额信贷”（classic microcredit），即一般性小额贷款：借款期 1 年，按年利率约 20%计息，本息在全年的 50 个周内每周平均偿还。其特点是：第一，根据拥有的土地和资产进行家计调查（mean test），确定贫困村民。第二，动员这些贫困村民加入村里的每周议事小组（weekly-meeting group），并可从银行借得贷款。第三，当某个村民遇到困难时，小组内的成员要承担互相帮助之责。第四，由借款村民从每周的家庭现金流中分期偿还借款，一年还清。第五，借款家庭要定期向提前设立的个人储蓄账户或小组储蓄账户存入小额的资金。

然而 1998 年的一场洪水导致多位借款人难以偿还借款。尤努斯从中发现了传统小额信贷方式的问题：借款期和偿还期规定得过于僵化，借款人不能按照自己的不同用途来调整这两个期限。一旦借款人出现资金周转困难，她将难以偿还贷款。后来准时偿还贷款比率的急剧下降就证明了这一点。

二、格莱珉银行的二次创业概况

随着传统小额信贷业务弊端的日渐显现，到 2000 年他们开始了名为“格莱珉-Ⅱ”的二次创业，又被称为“格莱珉普及系统”（Grameen Generalized System）。该系统吸收了传统小额信贷业务的经验教训，其中最重要的改革是：

首先，由原来仅接受成员存款变为接受所有公众存款。

其次，公众储蓄的机会比过去更多了。这包括被称为“格莱珉退休金储蓄”（GPS）的承诺储蓄账户（commitment-saving account）。总之，个人储蓄账户具有了越来越大的弹性，小组储蓄账户也有了更快的发展。

最后，贷款合同明显改善。现在格莱珉银行的贷款合同在借款期限、偿还方式上比过去更加多样化，已开始向企业提供较大金额的贷款，向非常贫穷的借款人提供特殊期限贷款，向有孩子上学的贫困家庭提供资助和教育贷款，而且，当借款人遇到还款困难时，银行可以将该贷款划入“弹性贷款”（flexible loan），并不追究联保责任人的担保责任。

三、格莱珉银行的成员储蓄存款的变化

格莱珉银行的传统储蓄绝大多数限于成员储蓄，而向非成员公众提供的储蓄机会则很少。在 2002 年以后实行的新储蓄规则中，它向非成员公众彻底开放了储蓄权利。到 2004 年，其储蓄额首次超过了未偿贷款额。这标志着格莱珉银行从一个小额信贷银行转变成了“真正的金融中介机构”。①

1. 个人储蓄账户

按照格莱珉-Ⅱ的规定，格莱珉银行的每位成员都可以开立一个个人储蓄账户（personal savings account）。他可以按照自己的借款和还款情况每周存入最低额和取出一定金额。存款是在每周集中开会时进行，但取款则到银行的分支机构去取。存款利率执行年利率 8.5%，比在商业银行用存折储蓄略高。

2. 特殊储蓄账户

要求个人开立特殊储蓄账户（special savings account），并在账户内保持所贷款项的 2.5%的金额，该金额应在账户内保持 3 年时间，之后才能取出，但取出这部分金额时还应在该账户内留存 2 000 达卡（taka）（相当于 30 美元）的余额。对该账户支付的利率与支付给上述个人账户的利率相同。

3. 格莱珉退休金储蓄账户

该种账户对于非成员来讲是自愿开立的，而对于从格莱珉银行借出 8 000 达卡（相当于 130 美元）及以上金额贷款的成员来讲则是必需的。不过，这是新 GPS 账户，它是一种承诺储蓄账户，是以孟加拉国

① RUTHERFORD S. Microsave briefing notes on Grameen Ⅱ number 2: member savings[EB/OL].[2015-03-18]. http://www.grameen.com.

中产阶级以上的人群普遍流行的“存款退休金规划”（deposit pension scheme）为基础设计推出的。要求存款人每月向账户至少存入 50 达卡（近 1 美元），存期分为 5 年期和 10 年期。5 年期的按 10%的年利率支付利息，10 年期的按 12%的年利率支付利息。可以每月支付，亦可到期一次支付。

4. 信用人寿保险储蓄基金账户

格莱珉银行要求借款人要向信用人寿保险储蓄基金（credit-life insurance savings fund）账户存款，且以成员的名义持有，当成员离开银行时，本金可以退回，但不付利息。当成员死亡时，该基金所挣利息将被用来偿还贷款。另外，该基金可以由后代继承。到 2004 年，继承权又扩展到成员配偶。

关于格莱珉银行存款结构的变化情况从其 T 分行存款结构的变化图可见一斑（如图 3-1 所示）[①]。从该图我们可以发现，从 2000 年第四季度开始，成员小组存款（图中 Group）逐渐减少，直至 2002 年第一季度变为 0；而个人储蓄存款（图中 Personal）没有太大变化；特殊储蓄存款（图中 Special）则在 7 个季度内有了明显的增加；不过最引人瞩目的是格莱珉退休金储蓄账户的存款（图中 GPS）和普通公众储蓄账户的存款（图中 Public）从无到有的巨幅增长。

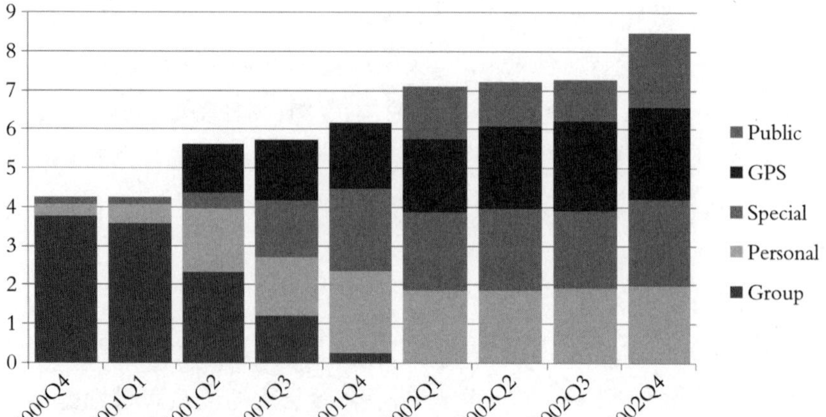

图 3-1 2000 年年底至 2002 年年底格莱珉银行 T 分行存款结构变化（百万达卡）

① 该数据来自 Iftekhar Hossain 教授领导的对格莱珉银行三家样本分行的抽样调查，这三家样本分行分别用 C、S、T 来代表。

四、格莱珉银行的贷款新安排

前已述及，20 世纪 90 年代的洪水和其他问题导致格莱珉银行的贷款资产出现了呆滞问题。鉴于传统小额信贷的不足，2002 年以后，格莱珉银行首先对传统贷款进行了改革：保留传统贷款中每周分期偿还的方式，但贷款期限可以从 3 个月到 3 年（甚至更长）不等。在成员有要求时，银行还可以对不同季节的周偿还额（weekly instalments）进行调整，而且周偿还额可以预付，甚至整笔贷款都可以提前还清。这种经改革了的传统贷款被称为“基本贷款”（basic loan）。格莱珉银行规定，每位成员只能借用一笔基本贷款，但贷款额度可以根据借款人每周偿还本息的状况、在议事小组的出勤情况和储蓄余额的多少而作出调整。偿还及时的、出勤率高的和储蓄余额多的借款人，以后便可以使用更高的信贷额度。

此外，格莱珉银行还推出了成本更低、期限更长的住房贷款，更小额的乡村饮用水水泵贷款，甚至还有一种肉牛增肥贷款等。

后来，为了满足小型企业对贷款的迫切需求，该行又推出了特定生产（special production）贷款和企业扩张（business expansion）贷款。由于这类贷款的金额更大，期限更长，所以只对在格莱珉银行持有一定储蓄存款余额、基本贷款本息偿还记录良好、拥有增长潜力的小企业主发放，且每个小企业主只能持有一笔特定生产贷款或企业扩张贷款。由于满足了企业发展的需要，该类贷款增长非常快，其 3 个被调查分行该类贷款最少的 330 美元，最多的 900 美元，而它们同期拥有的“基本贷款”余额却只有 65 美元到 125 美元。

至于是否将逾期贷款划入“弹性贷款”，关键看借款人是否承诺慢慢偿还所欠借款。采取这一创举以后，一些老的逾期贷款果然被慢慢偿还了，只有一小部分被冲销掉了。这样做之所以能够成功，一是银行有意保留信誉好的客户，二是由于借款人或非成员客户不断向银行存入存款，使逾期贷款占用的资金不会对银行资金周转构成威胁。

关于格莱珉银行的贷款结构变化亦可从其 T 分行的贷款结构变化

中推测一二（如图 3–2 所示）。从该图可以发现，一般贷款（图中 General）和季节贷款（图中 Seasonal）逐渐萎缩，直至降为 0；住房贷款（图中 House）则保持了较大的份额；而基本贷款（图中 Basic）和弹性贷款（图中 Flexi）从无到有发展较快，最突出的是基本贷款的发展。

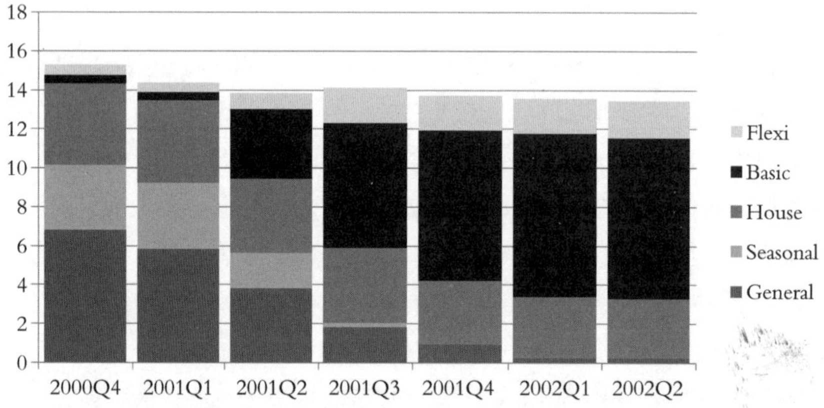

图 3–2　2000 年年底至 2002 年第二季度格莱珉银行 T 分行贷款结构变化（百万达卡）

五、格莱珉银行的财务评价

格莱珉银行经过 2002 年以来的改革，其利润、贷款备付金、资产质量、业务增长情况等都有了明显的改善。

1. 营业利润迅速增长

由于格莱珉银行存款和贷款业务的普遍增长，加上经营有方，所以其营业利润有了明显的增长。2003 年实现净利润 3.58 亿达卡（约 639 万美元），相当于 2002 年 6 000 万达卡利润的 6 倍。该净利润主要来自于利息收支差额（+2.68 亿达卡）、手续费收入（+1.06 亿达卡），再减去 0.77 亿达卡的贷款和预付款备付金，净利润增加额在原有 6 000 万达卡的基础上又增加了 2.98 亿达卡（见表 3–1）。

之所以会有这么好的业绩，是因为格莱珉银行改善了经营，通过更具有弹性的产品设计，包括逾期贷款转化成弹性贷款、使贷款的利息收入增长快于利息支出的增长、严格贷款损失备付金的计提、提高贷款资产质量的透明度等。

表 3-1　　2002—2003 年格莱珉银行损益变化表

换算单位：1 美元=56 达卡

项目	损益变动方向与幅度（亿达卡）	变动百分率
贷款利息收入	+4.79	+17%
存款等利息支出	+2.11	+24%
净利息收入	+2.68	+14%
除备付金外的手续费收入	+1.06	+7%
贷款和预付款备付金	−0.77	−12%
净利润	+2.98	

资料来源　HOSSAIN I.Microsave briefing notes on Grameen Ⅱ number 4: financial performance[EB/OL].[2015-03-18].http://www.grameen.com.

2. 严格的“贷款损失备付金政策”

在实施 Grameen-Ⅱ之前，格莱珉银行实行的是传统的贷款损失备付金政策（loan loss provisioning policy），即对于逾期 2 年以上的贷款，提取的备付金率为 100%，对于逾期 1 年的贷款，在逾期未超 1 年时，备付金比率为 0。这种计提备付金的方法对于传统的小额信贷来说有一个关键问题，就是因为格莱珉银行大多数贷款资产的期限都是 1 年期的，这样在这些贷款逾期未到 1 年时（即贷款使用期限不足 2 年时），格莱珉银行将不计提任何备付金。这便使该银行积聚了相当大的风险。2002 年开始实施的 Grameen-Ⅱ对此进行明显的改善。它规定：对于未能按要求进行首次还款且逾期 10 周的，或超过最终还款到期日 6 个月的借款人，其借款将自动转为弹性贷款。对于弹性贷款必须按欠款金额及其利息的 60%（2003 年调整为 50%）计提备付金。如果由于借款人隐匿或外出经商等原因，难以找到她，或者借款人拒绝偿还借款，则应按其所欠贷款本息的 100%计提备付金（见表 3-2）。[①]占格莱珉银行贷款资产 14%的住房贷款是出现逾期的主要资产，该行对此进行了实时监控，并随时计提备付金。这种严格的备付金政策大大降低了贷款出现呆坏账的可能性，从而为盈利水平的提高打下基础。

① HOSSAIN I. Microsave briefing notes on Grameen Ⅱ number 4: financial performance [EB/OL]. [2015-03-18]. http://www.grameen.com/.

表 3-2 **2002—2003 年格莱珉银行贷款备付金率**

项目	2002年	2003年
基本贷款中逾期的本金和利息	100%	100%
弹性贷款中：		
——从第一期贷款合同签署后2年内的未付本金和应收利息	60%	50%
——从第一期贷款合同签署后2年及以上的未付本金和应收利息	100%	100%
——逾期的未付本金和应收利息	100%	100%

资料来源 HOSSAIN I.Microsave briefing notes on Grameen Ⅱ number 4: financial performance[EB/OL].[2015-03-18].http：//www.grameen.com.

3. 资产质量明显改善

由于新的贷款损失备付金政策比传统方式更谨慎，所以格莱珉银行的贷款损失额越来越少，从 2000 年的 6.23 亿达卡下降到 2003 年的 5.96 亿达卡。同时其呆坏账比率也从 2001 年 12 月的 21%下降到 2004 年 6 月的 3%左右（其 C 分行和 T 分行呆坏账比率变化见表 3-3）。由于格莱珉银行的锐意进取，其吸引力逐渐扩大，不仅新成员不断加入，而且过去离开该行的老成员又回到了格莱珉银行，偿还了过去所欠借款，从而使该行债务恢复额迅速增加：2000 年是 1 000 万达卡，2001 年增至 4 700 万达卡，2002 年又增至 1.05 亿达卡，到 2003 年高达 1.32 亿达卡（约合 235 万美元）。

表 3-3 **2001—2004 年格莱珉银行 C 和 T 分行呆坏账比率**

格莱珉银行分行	2001年12月	2002年12月	2003年12月	2004年6月
C分行	21%	15%	4%	4%
T分行	21%	13%	1%	2%

资料来源 HOSSAIN I.Microsave briefing notes on Grameen Ⅱ number 4: financial performance[EB/OL].[2015-03-18].http：//www.grameen.com.

六、结论

尽管格莱珉银行还在一定程度上存在这样那样的问题，比如存在一些借款人借新款还旧款等问题，但由于其第二次创业改革措施完善了储蓄账户、实施了贷款新安排、严格了贷款损失备付金政策等，从而吸引了大量的新成员加入，规模越来越大，资产质量等经营状况明显改善。因此，这些经验是值得我国发放小额信贷、中小企业信贷的金融机构及其工作者和扶贫信贷工作者等认真学习的。

第四章　中国农村和民间金融问题

第一节　改革开放 30 多年中国农村金融业的变革与挑战

中国是一个农业大国，农业、农村、农民这“三农”相对落后的问题是国家发展和民族复兴必须解决的根本问题。而按照现代发展经济学理论，资本是最稀缺的生产要素之一，因此解决好农村金融问题也就成了建设新农村、消除城乡差别、构建和谐社会的重中之重。通过考察近 30 年中国农村金融体制的发展，我们大致可以从四大方面分析其变革过程：管理和监管机构的变更、业务范围的调整、产权结构和治理模式的变革、非国有金融和融资机构准入限制的放松。

一、管理和监管机构的变更

发端于 20 世纪 70 年代末的中国农村金融改革是以之前 30 年新中国金融体系的构建和发展为基础的。1948 年 12 月 1 日，中国人民银行正式组建成立。之后，通过合并解放区银行、没收并改组官僚资本银行、取缔外资银行的在华特权、改造私人银行与钱庄，以及建立农村信用社组织等途径，新中国金融体系逐步建立起来。从 1951 年开始，国家便按照一切信用归国家银行的原则，使中国人民银行成为“信贷中心、现金中心和结算中心”。第一个五年计划中，与高度集中的计划管理体制相适应，各类金融机构按照前苏联银行模式进行了改造，建立起一个高度集中的国家银行体系，即“大一统”的银行体系模式，并于1953年开始建立了集中统一的综合信贷计划管理体制，实行“统存统贷”的管理方法，银行信贷计划纳入国家经济计划，为经济建设进行全面的金融监督和服务。至此，一个以中国人民银行为核心并以几家专业银行和其他金融机构为支撑的、统一管理、集中调控的金融体系格局正式形成。这一状况一直延续到20世纪70年代末。

虽然原有大一统的金融体制对于国民经济的恢复、对国营经济和农业经济的发展产生了重大的、积极的作用，但20世纪80年代初随着中国第二代领导集体调整和改革国民经济增长模式政策的出台，如何搞活农村经济和农村金融体制，成了从中央到地方普遍关注的问题。1984年8月，国务院批转中国农业银行《关于改革信用合作社管理体制的报告》，要求恢复和加强“管理上的民主性、经营上的灵活性”，实行“独立经营、独立核算、自负盈亏”，把信用社真正办成群众性的合作金融组织。1989年，信用社开展了治理整顿工作，开展了改善内部管理、整顿金融秩序活动。较大幅度的变革发生在1996年8月，当时国务院出台了《关于农村金融体制改革的决定》，要求变更农村信用社的归属和监管关系，使农村信用社与农业银行脱离行政隶属关系，业务管理和金融监管分别由农村信用社县联社和中国人民银行承担。至此，中国农村信用社走上了相对独立发展之路。按当时的话说，这一改革不仅使农村信用社初步形成了自求发展、自我约束、自主决策的经营机制，而且还基本理顺了与中国人民银行和中国农业银行的关系。

为了进一步改善农村金融服务，促进农业发展、农民增收、农村全面建设小康社会，2003年6月27日，国务院印发了《深化农村信用社改革试点方案》，继续深化农村金融改革。其中重要的内容之一就是要继续改革信用社的管理体制，成立省农村信用社联合社（简称省联社），将信用社的管理从各相应级别的中国人民银行代管，交由地方政府负责管理，而监管工作则由2003年成立的中国银行业监督管理委员会（简称银监会）负责。目前，这种管理模式正在实行中。

二、业务范围的调整

所谓农村金融业调整业务范围，主要体现在两个方面：一是中国农业银行放弃政策性金融业务，中国农业发展银行专门从事政策性金融业务；二是中国农业发展银行突破了政策性金融业务的限制，而农村信用社部分偏离了农业、农村、农民，从事了相当程度的工商类金融业务。

第一，中国农业银行放弃政策性金融业务，专事商业性金融业务，而中国农业发展银行（简称农发行）专事农业政策性金融业务。1979年，我国进行了以银行专业化为方向的金融体制改革，这个阶段的国有银行是集政策性银行和商业性银行职能于一身的综合金融机构。当然，作为四大国有银行之一的中国农业银行也不例外，既要从事自我筹资、自我放贷、自我收贷的商业性金融业务，又要替国家管理好支农财政性资金的使用。1984 年，虽然国家开始对国有专业银行进行企业化改革，但国有专业银行同时承办相关的政策性金融业务和商业性金融业务的局面并没有得到扭转，反倒出现了两种资金界限模糊、运行机制混乱的状况。此时，中国农业银行也出现了自身商业性金融业务挤占挪用政策性金融资金的问题。这种状况一直持续到 90 年代中期。1993 年 12 月国务院颁发《关于金融体制改革的决定》，确定组建国家开发银行、中国进出口银行和中国农业发展银行。中国农业发展银行的建立标志着中国农业银行放弃政策性支农金融业务，正式转换为国有商业银行。

中国农发行建立初期，作为我国唯一的农业政策性金融机构，业务领域非常广泛，包括代理财政性支农资金的拨付；办理粮、棉、油等专项储备贷款以及办理扶贫贷款、农业综合开发贷款等。然而 1998 年 3 月国务院发起的深化粮食流通体制改革，先后两次收缩了中国农业发展银行的业务范围：第一次是规定农发行只需专一履行粮、棉、油收购资金封闭管理职能，集中精力做好收购资金供应和管理工作；第二次是 2004 年的中央“一号文件”确定全面开放粮食购销市场，实行对农民的直接补贴，打破了农发行独家供应收购资金的格局，使农发行的信贷业务经营空间进一步萎缩。

第二，中国农业发展银行突破了农业政策性金融限制，而农村信用社部分偏离“三农”，从事了相当程度的工商类信贷业务。为了拓宽业务领域，增加收入，中国农发行于 2004 年下半年就突破了农业政策性金融的限制，实施了政策性和商业性金融并重的策略。中国农发行先后开办了粮食加工企业贷款、产业龙头化企业贷款及其他粮食企业贷款等新型商业性金融业务。2007 年 3 月，农发行又经银监会批准开办了农村基础设施建设、农业综合开发、农业生产资料等中长期支农贷款等侧重农业政策性的金融业务。农发行不断拓宽业务范围，逐步形成“一体两翼”的业务发展格局：“一体”是指以提供财政收购储备资金为主的传统政策性金融业务；“两翼”是商业性金融业务，其中一翼是指农产品加工企业、农产品和生产资料流通企业的贷款等，另一翼是指农业和农村综合开发贷款、基础设施贷款等中长期贷款业务。按目前的主流观点，这时的中国农发行对“三农”的信贷支持进入了宽领域、多方位、深介入的发展阶段。为此，其经营业绩也不断改善。

无独有偶，新中国成立初期建立的农村信用社本来的定位是农村社员入股、社员民主管理、主要为社员服务的农村互助合作金融组织，但是后来的农村信用社与社员之间的贷款程序与商业银行的贷款程序大同小异，贷款客户也明显地超出了入股社员的范围，非社员贷款占到了 50%左右。另外，农村信用社本来应该主要为“三农”服务，不以营利为主要目标，但是信用社已经明显地商业化，业务范围早就拓展至“三农”以外，相当大一部分信贷发放给了工商业企业，演变为一个以追求营利为目标的金融机构。按专业人士的话说，此时的“农村信用社似乎已不姓‘农’了”。

三、产权结构和治理模式的变革

农村金融组织的变革主要体现在农村信用社的产权结构和治理模式的相应变革方面，因为当时中国农业银行还是国有独资金融机构，而后来成立的中国农业发展银行更是国家全资所有的“政策性”银行，中国邮政储蓄银行还刚刚建立 1 年左右的时间。农村信用社的产权结构和治理模式的变革主要体现在国家自上而下的宏观调控政策和文件的条文和规定上，比如：

1979 年 10 月，中国农业银行行长会议重点剖析了信用社“官办”体制的弊端。

1982 年 12 月，中央政治局讨论通过《当前农村经济政策的若干问题》，重申信用社应坚持合作金融组织的性质。

1984 年 8 月，国务院批转中国农业银行总行提交的《关于改革信用合作社管理体制的报告》，要求通过清股、扩股密切信用社与社员的经济联系，恢复和加强信用社组织上的群众性、管理上的民主性、经营上的灵活性，使之独立经营、独立核算、自负盈亏，充分发挥民间借贷的作用，把信用社真正办成群众性的合作金融组织。

1996 年 8 月，国务院通过出台《关于农村金融体制改革的决定》把农村信用社从中国农业银行分离出来，要求“把农村信用社办成由社员入股、社员民主管理、主要为社员服务的真正的农村合作金融组织”。

2003 年 6 月，国务院通过出台《深化农村信用社改革试点方案》要求把信用社逐步办成由农民、农村工商户和各类经济组织入股，为农业、农村和农民经济服务的社区性地方金融机构。同时，把相对独立存在的信用社划归地方政府负责。此时，由于国家向信用社系统提供了巨额央行票据等资金支持，以及要求信用社加大收贷收息工作的力度，信用社的资本充足率有所提高，不良贷款率有所下降，亏损面有所收缩。然而，信用社产权模糊及其引发的有关问题并未得到根本解决。

四、非国有金融和融资机构准入限制的放松

如果说我国建立和运作现代金融机构的时间还比较短的话，那么我们的民间融资组织却拥有很长的历史了。从改革开放这 30 多年来看，20 世纪 80 年代初期，在一些经济比较发达的地区（如浙江温州）就出现了大量民间融资组织，如合会、轮会、标会、排会、当铺、私人钱庄、挂户企业等，其借贷融资活动非常活跃。不过，由于 2005 年之前，监管者对这些非国有的融资机构基本采取较为严厉的抑制政策，所以它们大多以民间的、隐蔽的形式存在和开展业务。而曾经得到政府承认的民间正式融资组织是在全国各地广泛分布的农村合作基金会。农村

合作基金会于1984年在少数地方试办，到1998年年底，全国共有农村合作基金会29 187个，其中乡（镇）农村合作基金会21 840个，占74.8%。但由于基金会内部治理上的问题，以及国家引导和支持的力度不够，后来出现了一些问题，致使国务院于1999年1月下文要求清理整顿农村合作基金会。到2000年年底，农村合作基金会部分并入当地农村信用社，其余全部由地方政府清盘关闭。至此，被政府承认的、民间的、主要服务“三农”的非国有融资机构完全消失。

随着中国成功加入世界贸易组织，国有商业银行全面改革，特别是包括中国农业银行在内的四大国有银行为了降低成本、增加效益而撤销乡镇和县级网点的举措，使“三农”资金的获得变得越发艰难。在2007年中国邮政储蓄银行成立之前，全国农村金融领域基本上成了农村信用社唱独角戏的局面。为了解决三农融资难的问题，也为了“新农村建设”和“构建和谐社会”，2005年5月25日，中国人民银行在《2004年中国区域金融运行报告》中明确指出“要正确认识民间融资的补充作用”。这被普遍看做央行首次从思想上扭转了过去对农村民间借贷的不恰当认识。而放松和突破民间融资和民间资本进入金融市场限制的实质行动发生于2005年年底。当时，央行选择山西平遥、贵州江口、四川广汉和陕西进行民间小额信贷的试点工作，试图引导民间金融的融资活动走向正轨，并将民间融资纳入金融监管机构的正式监管之下。

央行推行的这种“只贷不存”的小额贷款公司试点揭开了我国民间金融规范化的序幕。1年以后的2006年12月20日，银监会发布了《中国银行业监督管理委员会关于调整放宽农村地区银行业金融机构准入政策，更好支持社会主义新农村建设的若干意见》，提出农村金融市场开放的试点方案。在当时看来，该方案的理论意义大于实践意义。尽管如此，这种“增量式改革”还是为改善农村金融领域信贷资金外流、解决农村经济主体融资困难、推动农村产业结构调整和农民增收提供了一种希望、一个信号。更重要的是，从此农村金融市场将出现多元投资主体并存、多种形式金融机构良性竞争的局面，有利于有效动员区域内农民储蓄和民间资金，有序引导这些闲散资本流向农村生产性领域，对民间信用的合法化和规范化有着重大的历史意义。正是在该方案的引导下，全国各地已陆续建立起一些村镇银行、小额贷款公司、乡村合作金融组织。更可喜的是，还有外资金融机构（如德国复兴信贷银行、德国储蓄银行、英国汇丰银行）开始在四川、重庆等省市落户，或成立或参股村镇银行等涉及“三农”的金融和融资机构，支持“三农”发展。

回顾中国农村金融业的变革历史，一是为了总结和积累经验，指导以后的农业和农村经济发展；二是为了发现其中仍然存在的挑战和问题，在未来的工作中未雨绸缪，迎接挑战，尽量避免问题产生和解决问题。那么，改革开放 30 年以来，我们在农村金融工作中还存在哪些挑战和问题呢？

首先，作为支农主力的农村信用社，在产权结构和治理结构上仍然存在不足，隐含金融风险。第一，产权模糊，官办色彩浓厚。建立农村信用社的初衷本来是构建一个由社员入股、主要为社员的农业活动提供资金、由社员选举管理者进行自我管理的合作金融组织，但其几十年的经营管理带有浓厚的行政管理色彩，社员们并没有感觉到农村信用社是自己的组织。第二，内部治理结构流于形式。其内部高级管理人员的配置实质上是由各级人民银行或银监会等官方机构决定，有悖“民主管理”的原则。另外，农村信用社的产权结构分散，股东权益得不到保证，地方政府对农村信用社的过度干预导致董事会、监事会和社员代表大会流于形式，缺乏对管理人员的监督和制约，内部人控制现象十分严重。第三，省联社的管理体制不尽合理。2003 年把信用社划归各级政府负责，并成立了省、县联社。联社既是行业管理者又是经营者，充当了裁判员和运动员的双重角色。结果是哪个也难管好。第四，资产质量较差，存在潜在风险。正是因为农村信用社的产权归属不明晰、内部治理结构和外部治理结构存在问题，才导致了信贷资产发放上的随意性和腐败的滋生，致使农村信用社的资产质量较差，亏损较严重。一度使金融风险在局部积聚和爆发。

其次，涉及“三农”的各类金融和准金融机构由于产权结构和管理归属关系复杂，给政府的金融监管带来困难。第一，现有的农村信用社名为社员入股的合作制金融组织，但现有的倾向是吸收当地农业和工商专业户入股，甚至吸收其他商业银行或外国金融机构入股，使之变成股份制商业银行。另外，各县乡信用社归省联社领导的模式还在试验中。第二，新成立的中国邮政储蓄银行，其各县乡邮政储蓄支行归属于上级邮政储蓄银行。第三，新成立的村镇银行的资产结构复杂，比如四川仪陇县惠民银行有德国资金，也有南充市商业银行资金，是一个合资金融企业，它归属南充市商业银行；而重庆大足县汇丰村镇银行是一个全外资独立金融企业；还有的村镇银行纯粹是全内资金融企业，而在内资中，也可能全部来自私人资本，也可能公私兼有，它们或被工商企业控股，或被金融企业控股等。以上三种金融机构的业务归各级人民银行监管。第四，小额贷款公司、农村资金互助社是到当地工商管理局注册的，目前还不算金融机构，不允许其向一般公众吸收储蓄。业务管理由工商局、人民银行、发改委等多头管理。第五，由国际金融机构或国际组织捐助成立的各种扶贫社或小额信贷组织，是到当地民政局注册的，目前还很难说由谁来监管。问题很多，不一而足。如何让这些机构既真正扶持“三农”的发展，又有序竞争，确实是对我们的一种挑战。

再次，真正合作金融的缺位问题依然严重，低收入农户和贫困户有资金需求但仍告贷无门。鉴于目前关于把农村信用社办成股份制社区商业银行的呼声和做法，以及近几年成立的私营小额贷款公司和村镇银行的逐利特征，如何动员和辅助社员自发组建农村资金互助组织、如何采用联保贷款机制辅助“三农”发展、如何向被联保机制排除在外的低收入农户和最贫困农户提供生产和创业启动资金等，便成了考验农村金融理论工作者、实践工作者和政府管理者的最大挑战。向低收入农户和贫困户提供金融支持，属于政策性金融业务，本来应该由相应的金融机构——比如中国农业发展银行——来负责，但是目前这种所有银行“唯利是图”的倾向，似乎使低收入农户和贫困户处于被遗忘的角落。

最后，如何保证小额信用贷款和联保小额信贷的足额和按时偿还，将构成挑战。近年来，信用社、非政府组织和非营利组织等学习孟加拉国乡村银行模式向农户提供小额信用贷款、联保小额信贷等，对于缓解一般农户、贫困户和妇女创业的资金需求紧张局面作用重大，但如何因地制宜、因业制宜、因人制宜，采取更灵活的管理方式，防范偿还风险，对从业人员和相关管理者构成挑战。

中国 30 年农村金融变革的实践从总体而言是成效显著的，其中所累积的大量宝贵经验值得总结和发扬，但我们从中也能发现不少值得警戒和需要面对的挑战和问题。历史经验证明，改革农村金融体制关键在于使现有农村金融机构的产权结构多元化、治理结构合理化。同时，在整个农村金融体系中引入有效的新型竞争主体，避免被农村信用社一家垄断的局面。从目前的改革路径来看，首要问题是要把握好农村金融的新建机构，保证增量式改革的成功。这可能是目前中国农村经济转型的关键，也是未来农村金融改革要坚持的方向。

第二节　民间金融对民营经济的作用、问题及对策

改革开放以来，民营经济正逐渐成为推动国民经济增长的主要动力。到 2004 年年底，全国登记的个体工商户 2 350.5 万户，从业人员 4 587.1 万人。全国登记的私营企业 365.1 万户，比上年同期增长 64.45 万户，从业人员 5 017.3 万人，比上年同期增加 718.3 万人，工业产值和利润分别占全国工业产值和利润的 60%和 40%，提供了大约 75%的城镇就业机会。在地方经济特别是县域经济中，民营经济正在成为经济发展的主体，已经由过去的“边缘经济”发展成为社会主义市场经济的重要组成部分。实践已经证明，民营经济发达的地区，经济增长就快。然而，当前的大多数民营企业还处在资本的原始积累阶段，资金短缺成为制约其扩大规模和提高效率的最大障碍。

一、民营经济资金短缺之成因

1. 民营经济贡献与官方金融支持的不对称

在民营经济的主要外源融资渠道中，银行信贷这种官方金融形式是最主要的形式。但官方金融对民营经济的支持与民营经济的贡献是极不对称的，早在 1999 年，我国民营经济占 GDP 的比重达 53%左右，而其金融信贷占比却只有 27%。尽管近几年，我国官方金融机构从观念上打破了传统的经济支持“成分论”偏见，中央银行也出台了对“中小企业

信贷支持意见”，对民营经济的信贷支持在体制上进行了松绑，但是大型正规金融的信贷对象主要还是在城市的大型企业，民营企业从银行获得的信贷支持仍然明显不足。其原因主要表现在以下几个方面：第一，成本收益不对称。官方银行对民营经济贷款缺乏动力。银行对大客户的贷款相当于批发业务，对民营企业的贷款则属于零售业务，零售业务的平均放贷成本和贷后监督成本都高于批发业务的。第二，风险收益不对称。同样一笔不良贷款发生在国有企业和民营企业往往导致不同的责任后果，这种不同的责任风险导致了国有银行对国有企业的信贷偏好。第三，银行责任信贷制的推行，制约了银行放贷的积极性。为了降低个人风险，很多基层信贷人员不得不更加小心谨慎。

另外，民营企业本身的特征也在一定程度上制约了官方银行向民营企业提供贷款，原因包括：一是民营企业规模小、资产少，可供抵押的资产少。二是民营企业整体资信水平低，财务制度不够健全，信息不对称。三是民营企业贷款需求急、金额小，而国有银行的贷款则需要层层审批，无法满足其需要。四是鉴于直接融资市场各种各样的制度壁垒，民营经济更难以介入。

2. 民间金融未得到应有的政策支持

民间金融是一种自发性的制度创新，是由民营经济旺盛的资金需求引致的融资供给。以民间借贷为主的民间金融正是适应了民营经济发展的客观要求，才在民营经济发达的地区蓬勃发展起来。回顾近二十年中国金融业的发展历程，民间金融经历了“产生→繁荣→禁止→地下→繁荣”的漫长过程。长期以来，我国官方沿用的思维方式，总是对民间借贷采取封、堵、打的高压政策，试图用正式的金融制度安排来取代民间借贷这一非正式的金融制度安排，将一切金融交易掌握在国家手中。然而其结果却是，民间金融不仅没有被正规金融机构所取代，其在地方经济和国民经济中的作用和规模却愈发彰显和壮大。

3. 官方金融对民营经济提供的金融服务品种缺乏

民营企业结构复杂，种类繁多，经营灵活，因此急需敏捷高效、快速准确的金融服务。然而，目前官方金融部门提供的服务品种很难满足民营经济蓬勃发展的需要。一般情况下，民营企业急需的金融服务，如资信评估、法律保障、各种代理等业务，官方金融机构出于成本效益的考虑，很少开展，也未必愿意开展。金融业多年垄断经营形成的官商作风不适应民营企业的实际需求和市场经济发展的需要。

二、民间金融理应成为民营经济资金供应的主体

众所周知，需求与供给的共存才能创造市场，两者缺一不可。虽然民营经济对资金的需求不断增长，可是官方金融却未能提供相应的资金供给。正是看到了这一巨大的资金供需缺口，民间金融才像“及时雨滋润久旱的禾苗”那样源源不断地满足着民营经济的资金需求。之所以能够很好地满足民营经济不同的资金需求，按照谢毅先生的话说，就是因为民间金融具有如下几大特点：

第一，规模大。中央财经大学课题组对全国 20 个省份的地下金融状况的抽样调查结果显示，2003 年全国地下信贷的规模在 7 400 亿~8 200 亿元之间，占到正式金融规模的近 30%。美国花旗银行 2005 年 1 月报告说，2004 年 5—10 月，中国国内银行居民存款流失额在 9 000 亿元左右。这些流失的资金大多数进入了收益更高的民间金融系统。

第二，用途广。民间借贷资金来源以自有资金为主，贷款用途偏重于生产经营。据调查，广东省恩平市民间借贷的资金来源主要有自有资金和借入资金。自有资金约占民间借贷资金来源的九成，主要源于城乡居民历年生产经营积累和生活积蓄；借入资金约占一成，主要是向他人借入低息或无息资金，然后转贷给别人，从中赚取利息差。在借贷资金用途方面，企业主中用于生产经营的占 84%；农户中用于农业生产的占 41%，用于子女读书开支的也占较大的比例，为 25%。

第三，主体多元化。从借款者的层面来看，在城镇，个体工商户和私营企业主成为主要的借款者，占调查样本数的 69%；然后是股份制企业，占 11%；最后是“三资”企业，占 8%。在农村，农作物种植户是主要的借款者，占 58%；其次是禽畜养殖户和外出务工经商的农户，分别占 17%和 16%。从贷款者的层面来看，贷款者一是借款人的亲朋好友；二是资金宽松的私营业主；三是专门以获利为目的的“食利”

人员。

第四，利率弹性大。由于民间金融多是无法在正规金融机构获得借款的情况下发生的，所以对于那些索取利息的民间借贷来讲，其利率一般要比正规金融利率高，但大多数还是在国家允许的范围内索取利息的。通常民间金融利率都以官方利率为基准，实行风险和交易费用加成定价法，即根据借款的主体、借款的用途、借款的缓急程度、借款的时间长短而定。如果借款人经营稳定、守信誉、借款时间短，利率相对较低；如果借款时间长，借款数量大，如集资等，利率则相对较高。据调查，企业中的借贷月利率大部分在 10‰~20‰之间，占其发生户数的 51%，一般不超过银行同期利率的 4 倍。然而，发生在居民亲戚朋友之间的借贷，一般是不索取利息的。

另外，国家对市场经济的接受，对民间金融的积极作用的认可，也为民间金融的存在和发展创造了良好的政策环境。2003 年，党的十六届三中全会文件《中共中央关于完善社会主义市场经济体制若干问题的决定》明确指出："十三大社会资金与中小机构的重组改造。在加强监管和保持资本金充足的前提下，稳步发展各种所有制企业。"这为民间金融的发展提供了政策保障。2005 年 2 月，国务院又颁布了《鼓励支持和引导个体私营等非公有制经济发展的若干意见》，第五款指出："允许非国有资本进入金融服务业。"这是对民间金融的再次肯定。2005 年 5 月 25 日，中国人民银行发布的《2004 年中国区域金融运行报告》中"正确认识民间金融资金的补充作用"的阐述：民间金融具有一定的优化资源配置功能，减轻了中小民营企业对银行的信贷压力，转移和分散了银行的信贷风险。这被外界普遍认为是为民间金融"正名"的信号，预示着民间金融合法时代的到来，对消除公众对民间金融的偏见十分有益。

三、民间金融组织面临的问题与政策建议

1. 民间金融组织面临的问题

尽管民间金融对帮助民营经济发展壮大的主体作用已经得到了普遍的认可，但是民间金融作为非国有金融成分，在其合法性、政策扶持的

主动性和自我克服固有缺陷等方面，还将面临这样那样的问题，需要认真研究和解决。

首先，对民间金融组织的认识还存在误区。尽管民间融资以其方便、快捷，不受指标、规模限制的特点，已经迅速走进了百姓的生产和生活，但社会各界甚至有些政府部门和金融机构，在对民间金融组织的认识上还不同程度地存在误区。第一，基本上还将其归类为“非法金融机构”，还有人认为民间借贷组织应该“归顺”当地信用社，归属农村信用社统一调度和管理。第二，尽管它们是在国家政策和金融法律允许的不超过国家基准利率的4倍的范围内索取利息，但一些机构和人士仍然习惯上称其为“高利贷”和地下金融组织。第三，认为民间金融组织的活动，不是会促进官办金融机构的改革，成为农村信用社的重要补充，而是会威胁农村信用社在农村经济中的作用等。

其次，民间金融组织仍然受到不公平待遇。从资金来源上看，农村信用社可以接受百姓的零星储蓄，而民间金融组织则不能；从资产质量维护上看，农村信用社可以向中央财政申请保值贴补利息，可以向市、县两级财政申请信用社改革发展基金，可以获准认购用以置换不良贷款的专项中央银行票据，可以在贷款出现逾期等情况下借助政府无偿清收等，而民间金融组织则全无这些权利。

最后，民间金融组织的固有缺陷仍有待完善。民间金融组织作为新生事物，在其建立和运行的过程中，还面临这样和那样的问题。一是监管主体及监管法律的确立问题。二是资金的来源问题。民间金融组织的资金大多来自组织者个人和向少部分人的借款，要想让民间金融组织正规地发挥更大的作用，其资金的补充问题就应引起重视。三是人力资源问题。民间金融组织是纯粹私有的金融组织，在与国有金融机构争夺人才的竞争中存在劣势，如何吸引合格的金融人才也将是一个长期性的考验。

2. 政策建议

鉴于上述问题，兹提供下述政策建议：

(1) 民间金融组织要立足“三农”、科学发展观

第一，要立足农村，找准市场定位。民间金融组织必须坚持服务

“三农”的方向。民间金融组织的“根”在农村，脱离农村、离开农业、远离农民，民间金融组织将成为“无源之水，无本之木”。

第二，树立科学发展观和防范风险意识。重视规模扩张，忽视风险管控，这是民间金融组织的通病。民间金融组织要想健康发展，必须从建立之初就树立科学发展观，通过内涵增长保证外在实力。一定要树立高度的风险防范意识，金融本身就是高风险的行业。既要筹划资金来源，又要非常重视资产保全。应树立“成本可算、利润可获、风险可控”的经营理念。这样，一方面可以消除国家和金融业对民间金融组织的误解；另一方面也能壮大自己，实现可持续发展。

（2）为民间金融组织的建立和发展创造宽松的金融管理环境

第一，民间金融组织作为一种特殊的机构应给予其相应的从业资格。针对业务范围、风险特点以及对公众影响的不同，合理确定民间金融组织的市场准入条件，包括注册资本金、高级管理人员、财务会计制度、内部控制等方面。然而，由于民间金融组织不吸收公众存款，不会引发诸如挤兑等公众事件，所以在市场准入方面，应该相对宽松一些。

第二，由于民间金融组织的发展正处于起步阶段，运作模式以及监督管理都不成熟，应对民间金融组织运行的前 3 至 5 年采取“宽松监控和鼓励并重”的原则。比如对其资金来源进行监控，禁止其从事存款业务；将其资产运用对象限定在农户或城镇下岗失业人员；定期提供报表，保证财务透明制度等。但一般来讲，不必适用复杂的谨慎监管规则，可本着“自我约束、自我管理”的原则进行准谨慎性监管，对各项监管指标，如资本充足率、存款准备金率、流动性比例等，可相应地降低标准。要允许和鼓励民间金融组织进行资金来源创新和产品创新，自主开辟负债来源，开发小额信贷产品，通过灵活多样的信贷服务增强其生存和发展的能力。

（3）对小额信贷采取相应的扶持政策

党中央、国务院为支持农村经济发展，提出“多予、少取、放活”的原则。作为今后一支重要力量，民间金融组织肩负着支持“三农”经济的重任，其自身业务发展将面临点多、面广、量大、额小、资金来源渠道相对单一等困难。实践证明，民间金融组织虽然具有较强的、潜在的盈利能力，但一般需要 3～5 年时间才能步入正轨。因此，在我国民间金融组织试点及今后推广阶段，有关部门应当出台配套政策，简化注册登记手续、适当减免税费等，以鼓励和推动民间金融组织的健康发展。

（4）为民间金融组织的运行建立相应的法律环境

第一，国家应尽快研究制定《民间借贷管理条例》和《民间金融组织管理规定》之类的法规，将民间金融组织的审批、监控、评价、风险补救等管理工作纳入法制化轨道。这也保证了民间金融组织有法可依，独立运行，为其构筑一个合法的操作平台。

第二，尽快确定监管责任人，现在有些地方组建的管理小组监管模式只是过渡性管理模式，需要加紧确定具体的监管机构。从目前看，还是在法规上明确县域“银监办”负责监管当地的民间金融组织为妥。

第三节　家族企业内部管理问题与对策

家族企业属于个体私营经济范畴，是我国国有经济和集体经济成分的重要补充，是解决我国下岗失业人员再就业问题的重要渠道，对促进国民经济持续发展和社会稳定至关重要。然而，由于我国改革开放的时间还不够长，特别是对个体私营经济的认识和引导起步较晚，所以家族企业的内部管理水平和规范还不同程度地存在这样那样的问题，发现问题，找出对策，对于正在起步中的家族企业发展和健康成长意义重大。

一、将家庭成员的家庭内关系混同为企业内关系

从经济法律关系来讲，家族企业是一个独立于家庭之外的经济实体。其资产、负债和资本与家庭的财富和债务是相对独立的，因此，其管理也应该是相对独立的，也要按一个独立的法人实体去经营，去管理。然而，在我国的家族企业里普遍存在着家庭与家族企业关系不清，把家庭成员的自然人关系带入家族企业的问题。

实际上，家庭成员在家庭中的权利和责任与在家族企业中的权利和责任是不同的。在家庭中，成员之间的关系包括丈夫与妻子的关系、父

母与子女的关系、家庭与亲属的关系等。这些关系是传统的自然人之间的关系。家庭的管理方式、管理语言和管理态度带有更多的主观特征。而在家族企业中，管理方式、语言和态度应该更具有客观性，家庭成员必须接受一种老板与雇员之间的关系，就像某个成员在别人家的企业中工作那样。另外，对每一个参与家族企业经营的家庭成员，必须以书面形式明确规定其工作职责和奖惩措施，并责令每个成员据此执行。再有，不要把在家庭中产生的矛盾和情绪带入家族企业，这样不仅会影响企业的经营，也会使企业内的非家庭雇员无所适从，还可能对某个家庭成员有所偏袒，最终削弱企业的盈利能力和发展。

二、将所有者与经营者混为一谈

按照现代公司治理结构，所有者是该企业全部资产、负债和资本的承担者和最终责任人；经营者只是按照所有者规定的“大政方针”对企业实施具体经营管理的人，不一定是对企业直接拥有所有权的人。在家族企业中，家长可能是该企业的总裁或“董事长”，是企业的所有者，而他/她不一定是企业的直接经营人。如果企业经营中的日常工作完全由家长做主，家长就有越位之嫌，就可能使经营人贻误“战机”，比如错过原材料降价之机、错过产品价格上涨之机，最终错过获得较高盈利的机会。另外，在家长并不是直接经营人的家族企业中，如果家长经常越权行事，还会导致经营人对企业雇员（包括家庭雇员和非家庭雇员）失去控制力，比如导致职工上班聊天，影响工作。再有，如果家长既是所有者，又是经营者，而家庭成员还是企业雇员的话，也会因家长对子女和亲属的溺爱而造成家庭雇员在企业中对家长的指示置之不理，失去控制。为了解决这一问题，作法之一是为企业雇佣非家庭成员作为企业经营人。这样，家长拥有所有权，负责企业发展策略和规章制度的制定；经营人拥有经营权，负责日常经营管理，发挥家长与家族企业之间缓冲带的作用。

三、企业继承人确定迟缓

我国的家族企业普遍存在着企业所有者继承人确定迟缓的问题。往往是在企业所有者出现严重的身体疾病不能身临企业，或者所有者死亡时，才想起来为企业找一个新的继承人。这种突然确定的新继承人往往缺乏企业管理经验，很难管理好企业员工，特别是未必能得到企业内家庭雇员的认可和服从。因此，当家族企业的所有者接近退休年龄或年龄大身体欠佳时，就应该筹划确定继承人的问题。这时，召开家庭会议，集中讨论此事，甚至聘请专业咨询人士参加，不失为一种很好的方式。

在家庭会议的讨论中争取就以下问题达成共识：家庭的发展目标是什么？下一辈家庭成员中谁愿意留在企业工作？谁最有能力管理好企业？如果几个年轻的家庭成员都想成为企业领导怎么办？其他年轻家庭成员能发挥什么作用？如果下一辈年轻的家庭成员都不愿意管理家族企业又怎么办？在现任家长并未出现突发的疾病和死亡的情况下，最合适的交接班时间是什么时候？现任家长卸任的程序（包括财务交接）如何开展？等等。

四、亲属的聘用和高管的频繁流动

中国的家族企业往往被人们认为是家庭的一部分。既然是家庭的一部分，就很难脱离人情关系——特别是亲属关系——的干扰。比如，所有者的配偶说："给我弟弟在企业找份差使吧。"对此经营者就很难拒绝，尽管知道她/他弟弟既没什么技能，又表现一般。怎么办呢？首先是接受他进来；其次是把他分配在一个非家庭成员管理者手下工作，并尽量减少他与其他员工接触的机会，避免他的不良表现"传染"给别人；最后要对其进行专业培训，尽量发掘他的潜能。总之，是要让他尽快进入企业雇员的角色。

对于家族企业来讲，聘用一部分非家庭雇员，特别是任用一些办事公道、颇具亲和力的非家庭成员管理者，对于平衡企业内家庭雇员之间的矛盾和企业的稳健发展至关重要。然而家族企业却经常遇到非家庭成员高级管理者频繁流出的问题。其原因要么是这些非家庭成员管理者觉得给家庭雇员的报酬太多，而给自己的报酬太少；要么是他们觉得该家族企业中亲属之间存在分歧，他们无所适从。这时，家族企业所有者可以采取的措施，首先是劝说意欲"跳槽"的非家庭高管继续留任，并向其说明他在该企业工作的美好前景（包括加薪和提升）。其次是对导致矛盾的家庭雇员采取“行动”，比如：明确其责任；对于有经管能力的家庭雇员，鼓励其另外开办一家与现有家族企业不存在竞争关系的企业；把该家庭雇员调至分部工作；到另一家公司给该家庭成员找份工作。总之，对于那些既不能随意炒他鱿鱼，又容易给家族企业带来矛盾的亲属或家庭雇员，最好的解决办法是端正他的态度，或干脆给他另找一份工作。

五、在投资决策和企业发展上的分歧

对于所有者和经营者一肩挑的家族企业领导者来讲，为了提高效率，增加盈利，他可能打算投资，但遭到其他家庭成员的反对，他们认为该笔投资会减少年终分红。这时他怎么办呢？首先，请一位非家庭雇员搜集本企业或其他类似企业从事类似投资的经验和数据。其次，根据数据向其他家庭成员讲明白进行该笔投资会在 2 年或 3 年之内给企业带来多少收入和利润，即讲清“花钱是为了挣钱”的道理。最后，可以聘请银行理财师、会计师或财经代理人向他们解释进行该笔投资的意义，因为家庭成员对于这些外来的“和尚”一般是容易接受的，但前提是保证外聘的专业人员不能与其他家庭成员有“私交”，否则他们的解释和结论可能失去客观性和公允性。

另外，随着家族企业中家庭雇员年龄的增大，他们会变得越发保守，维持现状的心理开始产生，他们开始回避变化和风险，这种思想和行为会阻碍企业的发展。如何解决这一问题呢？一是鼓励年长的家庭成员从企业退下来；二是淡化他们在企业管理中的影响，比如将其在企业的股份转换成只索取固定红利的优先股；三是建议他们将股份转让给年轻的家庭成员；四是鼓励他们根据个人爱好参与社区活动或企业联合会活动；五是重组企业，把新的合作伙伴吸收进来。所有这些活动既有利于退休家庭成员的心态平衡，又有利于新家庭成员发挥作用。

六、在融资渠道上的分歧

家族企业在发展过程中可能会遇到的另一个问题是家庭成员在融资

渠道上的分歧。在企业急需发展资金时，大多数家庭成员都习惯于家庭成员内部融资，即在家庭内你出点，我凑点，实在不够时再向亲戚朋友借。一般地讲，在企业有盈利时，容易借到钱。但在企业因为发展较快暂时没有产生利润的情况下向别人甚至家庭成员借钱，则比较困难。因此在企业急需发展资金时，就需要拓宽融资渠道了。除了家庭成员内部融资和向亲戚朋友借钱以外，可以利用的其他融资渠道还有：以家族企业资产作为担保获得抵押贷款；请求原材料或商品供应商提供商业信用（即赊购）；通过出让应收账款获取资金；提供借条获取民间融资；家庭成员持人寿保险单向保险公司退保，获得退保资金；向当地信用合作机构申请小额信贷；出售部分股票给家族企业的其他雇员或其他公司；对于规模较大的家族企业，还可以向投资银行或证券公司申请上市企业股票，从而获取股票发行资金等。

七、在红利分配上的分歧

向员工分发工资或向所有者分配红利对于任何一家企业来说都是一件棘手的事，对家族企业而言就更是如此。分配过程中难免会有人抱怨他们干得多拿得少。比如有人说："王叔整天坐在那儿闲着，收入为什么比我高?""赵婶儿到欧洲旅游为什么花企业的钱?""我大哥总是偷懒儿，钱拿得为什么比我多?"怎么解决这种所谓收入不均的问题呢？一是要把每个人的工作岗位与同业的类似岗位比较，比照类似企业的岗位工资确定每个成员所在岗位的工资标准，但务必对家庭雇员与非家庭雇员一视同仁；二是要制定家族企业工作章程，其中务必明确各家庭成员的责、权、利，要求各成员签字、遵守；三是在分配红利之前，商定并起草书面的红利分配比例协议，届时按分配协议分配红利。家族企业收入中留下多少作为企业的留存收益，决定着企业的发展后劲，切不可将红利吃干花净，全部分光，亦需有章可循，按计划行事。总之，家族企业规模不一定很大，但正所谓"麻雀虽小，五脏俱全"，收入的分配是关乎家族企业生存发展之大事，必须谨慎决策，依法而行。

第四节 当前农村银行业金融市场准入政策规定中的几个问题与建议

为了解决农村资金供应紧张、资金倒流城市、城乡差距拉大的问题，2006年年末至2007年年初，中国银行业监督管理委员会陆续制定和发布了一系列关于"放宽农村地区银行业金融机构准入"标准的政策性条例和规定。[①]依此法规，村镇银行、贷款公司和农村资金互助社等三种金融机构（以下简称"三机构"）将首先在四川、青海、甘肃、内蒙古、吉林、湖北六个试点省（区）的农村地区建立起来。[②]经验成熟了，再向内地推广。

这一农村金融体制改革的举措，据说将在一定程度上缓解涉及"三农"的金融市场资金供需矛盾，对于实现"工业反哺农业，城市支援乡村"，支持社会主义新农村建设，将发挥相当的作用。然而，由于这是中国农村金融体制改革过程中的一个全新的做法，因此其中还有些值得探讨和研究的余地。

一、农民金融自主权体现得不够充分，三机构的产权结构有待向农民倾斜

按照现代产权理论和股份制的原则，一家企业里谁是最大的股东，谁往往就是该企业各项经营事务中的主要决策者。并且，主要决策者往往是按照自己收益最大化的原则来作出决策的。另外，企业产权归属划分得清晰与否、所有者对自己资产的控制程度等，也直接决定着该企业的运作效率和分配的公平程度。当所有者对资产的控制权下降或虚设时，就会出现"代理人问题"，即经营者往往不是按照所有者利益最大化的原则来作出决策和经营企业的，而是本着经营者自己利益最大化的方向去决策，去经营。多年以来，我国国有金融机构（包括股金名为社

---

① 2006年12月20日，中国银行业监督管理委员会通过文件和网站发布了《中国银行业监督管理委员会关于调整放宽农村地区银行业金融机构准入政策，更好支持社会主义新农村建设的若干意见》（以下简称《意见》），进而又于2007年1月22日发布了《村镇银行管理暂行规定》、《村镇银行组建审批工作指引》、《贷款公司管理暂行规定》、《贷款公司组建审批工作指引》、《农村资金互助社管理暂行规定》、《农村资金互助社组建审批工作指引》和《农村资金互助社示范章程》等八项政策性条例和规定。

② 依据上述《意见》，银监会将按照"先试点，后推开；先中西部，后内地；先努力解决服务空白问题，后解决竞争不充分问题"的原则和步骤，开展此次乡村金融机构的组建工作。

员所有、实际由上级领导任命的理事长控制的农村、城市信用社或合作银行等金融机构）不断产生的呆坏账问题，就充分印证了这一点。

按照银监会刚刚发布的关于在乡村组建乡村金融机构的暂行规定和审批指引，单个农民或农民企业仍难以成为主要股东，农民的金融自主权仍未充分体现，难以调动农民投资这类金融机构的积极性。银监会《关于调整放宽农村地区银行业金融机构准入政策，更好支持社会主义新农村建设的若干意见》（以下简称《意见》）规定："应有 1 家以上（含 1 家）境内银行业金融机构作为发起人。"《村镇银行管理暂行规定》第二十五条更详细规定："村镇银行最大股东或唯一股东必须是银行业金融机构。最大银行业金融机构股东持股比例不得低于村镇银行股本总额的 20%，单个自然人股东及关联方持股比例不得超过村镇银行股本总额的 10%，单一非银行金融机构或单一非金融机构企业法人及其关联方持股比例不得超过村镇银行股本总额的 10%。"《贷款公司管理暂行规定》就更加明确地规定："贷款公司是由境内商业银行或农村合作银行全额出资的有限责任公司。"这些规定实际上保证了作为发起人或主要投资人的银行业金融机构成为村镇银行和贷款公司最大的股东或唯一的股东，进而保证了它就是这些乡村金融机构的主要决策者。我们知道，现有的中资银行业金融机构要么是国有银行或国有大中型企业入股的所谓股份制银行，要么就是被中央银行和地方政府操控的信用社类所谓合作金融机构，总之，基本上都是按国有方式运作的金融机构。那么，上述意见和规定让银行业金融机构成为发起人和最大股东，岂非又是走了按国有方式管理村镇银行和贷款公司的老路吗？几十年的中国金融史已经充分证明，按国有方式管理金融机构是产生呆坏账的根源，金融资源的配置效率也非常低，因为它的产权归属不清晰，存在严重的代理人道德风险问题。

因此，如何落实农民、农户或村镇企业对乡村金融机构产权占比的最大化，保证他们对自己投入资金的自主权和控制权，以调动他们参与该金融机构的积极性，真正使他们愿意投资，并且能得到贷款，就成了政府金融决策部门必须研究的重大问题。

二、三机构的资产结构界定不够明确，农村资金供需矛盾仍难化解

应该说，银监会制定和发布建立乡村金融机构的目的就是要扶持“三农”发展，这一点是应该肯定的。但是，为了真正保证它们的资金全部用于当地的“三农”经济，就必须在其资产的具体运用上态度坚决和明确，不应该在资产结构上再开口子，比如在《村镇银行管理暂行规定》中说：“村镇银行……确已满足当地农村资金需求的，其富余资金可投放当地其他产业、购买涉农债券或向其他金融机构融资。”《贷款公司管理暂行规定》规定：“贷款的投向主要用于支持农民、农业和农村经济发展。”《农村资金互助社管理暂行规定》则规定：“农村资金互助社的资金……满足社员贷款需求后……也可购买国债和金融债券。”这种为乡村金融机构的资产运用留有活口的规定，恐怕会给这些机构的管理者从事非农投资留下余地和借口。一旦农民辛辛苦苦挣来的钱被用于非农投向，农民对这类机构失去信心自不必说，更糟糕的是它完全违背了把从农村流入城市的资金吸引回农村、缓解“三农”资金供需矛盾的初衷。因此，这种资金投向上的模糊规定应予以取消，或者将贷款公司规定中的“主要”二字改为“必须”。总而言之，是要保证农民的资金真正被用在支援“三农”发展上。

三、未提及扶贫性贷款的发放，特别是未涉及专门服务于贫困人口的微型金融

众所周知，中国还有 8 000 多万贫困人口，其中绝对贫困人口就有 3 500 万之多，这些贫困人口大多分布在中西部的农村。如何解决这些弱势群体的脱贫致富问题，应该成为政府亟待解决的头等大事，否则谈“共同富裕”、“构建和谐社会”将会是一句空话。因此，现在筹建和已经建立的乡村金融机构理应考虑到扶持贫困人口的问题。然而遗憾的是，中国银行业监督管理委员会的若干文件和规定中根本未提及让这些乡村金融机构“扶贫”，更不用说扶持贫困妇女了！只是在《村镇银行管理暂行规定》中无关痛痒地说：“贷款应坚持小额、分散的原则，提高贷款覆盖面。”这种纯粹的乡村金融机构都不去扶贫，正在商业化的

国有金融机构就更不会去做了。也许有人会说，那就让国务院扶贫办去做吧。但不要忘了，扶贫办的资金是极其有限的，而且大多数扶贫资金还是通过准国有制的农村信用社发放的，对贫困人口的贷款到户率并不高（很多农村信用社将扶贫资金挪用给了当地中小企业），而且由于后续管理跟不上，贷款偿还率又非常低，形成了很多的呆坏账。结果是“扶贫资金年年拨，贫困人口年年贫”。因此建议银监会增补条文，要求乡村金融机构不仅要发放对农户、农村企业的贷款，还要发放“一定比例”的扶贫性小额信用贷款。在小额信贷的扶贫方式上，孟加拉国格莱珉银行（Grameen Bank）利用微型金融（microfinance）扶持贫困妇女开展种、养、加工和小型商贸的成功经验值得借鉴。

四、一些操作性规定不够合理、不够明确或没有规定

一项行业性政策的制定和出台，必须对涉及政策的所有当事人一视同仁，不能对任何一方构成歧视或不利，否则，就得不到公众的支持和响应。银监会制定的上述规定和指引在某些方面还存在不完善、不明确甚至不太合理之处。

第一，按照《农村资金互助社管理暂行规定》的第二十七条，社员退股必须满足四个条件，其中第（二）款规定：“农村资金互助社当年盈利。”言外之意，当年农村资金互助社如果不盈利，社员就不能退股。试想一下，如果农村资金互助社当年盈利好的话，还会有人退股吗？只有农村资金互助社由于某种原因经营亏损时，社员才会提出退股的要求。显然，这样的条件直接限制了社员退股的自由。这一方面不利于社员捍卫自己的物权，另一方面还会助长农村资金互助社管理人员利用社员的资金去冒险，导致风险的加大，最终不利于社会的稳定。另外，退股条件的第（三）款规定：“退股后农村资金互助社资本充足率不低于8%。”这一条又要求得太低了，因为农村资金互助社毕竟不像商业银行那样主要靠负债来经营，如果农村资金互助社的自有资本（社员股金）占比也降到8%左右，那它还能称为“互助”社吗？没有了这种合作互助性质，还能起到帮扶“三农”的作用吗？

第二，通读上述一个《意见》、三个《规定》和三个《指引》以

后，发现没有规定出村镇银行、贷款公司、农村资金互助社放款的利率。没有利率的规定，将使这些农村金融机构在贷款资产的定价上无所适从。因此建议银监会规定出一个具有一定波动幅度的指导性利率。

第三，《意见》的第二部分中的（五）规定："村镇银行、信用合作组织、专营贷款业务的全资子公司……适量选聘具有农业技术专长的人员作为其董（理）事、高级管理人员，或从事信贷管理工作。"这其中疏漏了选聘具有"农业经济管理专长"的人员，因为扶持"三农"不仅仅要扶持农业种植和养殖，还包括农产品加工、销售和采购等经营活动。

第四，《村镇银行管理暂行规定》的第五条规定："村镇银行不得发放异地贷款"，但是其第十六条又规定："村镇银行可根据农村金融服务和业务发展需要，在县域范围内设立分支机构。"这里的"村镇银行"是否包括建立在"乡（镇）"的村镇银行呢？也就是说，建立在某乡（镇）的村镇银行可不可以在该县的其他乡（镇）建立分支机构呢？因为按上述《村镇银行管理暂行规定》，村镇银行也可以建在县（市）。当然，如果允许建在县（市）的村镇银行在县域范围内建立分支机构，是可以理解的，但如果允许建在乡（镇）的村镇银行到其他乡（镇）设立分支机构，那就与上述"不得发放异地贷款"之规定有些矛盾了。

第五章　国内外小额信贷典型业务研究

第一节　关于山西省平遥县民间小额信贷有限公司的调研报告

2006 年 5 月 2 日，笔者利用五一长假对山西省平遥县 2005 年成立的民间金融组织“晋源泰小额信贷有限责任公司”和“日升隆小额信贷有限责任公司”进行了为期 4 天的调查研究。

晋源泰小额信贷公司和日升隆小额信贷公司是在中央 1 号文件的要求下，在中国人民银行总行的领导下，在山西省人民银行、晋中市人民银行和平遥县人民银行的直接组织下成立的。两家民营金融机构的成立既有其特殊的历史背景，又有其重大的现实意义，对于打破农村信用社垄断农村金融市场的局面、培育农村金融竞争市场、实现农村外逃资金的回流和资金的合理配置具有明显的示范作用。可以预见，在不远的将来民间融资在机构上和业务上会日渐规范和完善，在社会主义新农村建设中必将发挥更大的作用。

一、民间小额信贷公司的组建背景

山西省平遥县是历史文化名城，其平遥古城已经列入世界文化遗产。在明清时期，这里钱庄、票号林立，民间融资规模巨大，堪称全国之首。著名的“日升昌”票号就诞生在这里。近年来，平遥经济飞速发展，2002—2004 年，该县 GDP 平均增长速度达到 12.3%。然而，随着国有商业银行从县级行政区划的撤并，以及农村信用社的半官办性质及其呆坏账的循环产生，农村经济快速发展对金融服务的巨大需求明显得不到满足。平遥县人口 50 万，其中 41 万是农民，占 80%，全县经济的增量部分每年需要贷款规模应该在 9 亿元左右，但农村信用社只能提供 2 亿元，国有商业银行提供的支农贷款又微乎其微。巨大的资金供需缺口，严重影响了“三农”经济的发展，制约了社会主义新农村建设。当然，也正是金融服务上的供需矛盾，催化了该县民间融资的巨大发展，2005 年 6 月末，平遥县民间融资规模已经达到了 8 000 万元左右。因此，如何因势利导，规范民间融资的发展，使其更好地服务三农，便成了摆在政府和民间组织面前的一项重大课题。

2004 年中央 1 号文件就要求：“继续扩大农户小额信用贷款和农户联保贷款。通过吸引社会资本和境外资金，积极兴办直接为‘三农’服务的多种所有制的金融组织。”2005 年中央 1 号文件也明确提出：“要针对农村金融需求的特点，加快构建功能完善、分工合理、产权明晰、监管有力的农村金融体系。抓紧研究制定农村金融总体改革方案。有条件的地方，可以探索建立更加贴近农民和农村需要、由自然人或企业发起的小额信贷组织。”而 2006 年中央 1 号文件则进一步指出：“大力培育由自然人、企业法人或社团法人发起的小额贷款组织，有关部门要抓紧制定管理办法，引导农户发展资金互助组织，规范民间借贷。”实际上，连续三年的 1 号文件都是要求在农村金融体系建设中鼓励制度创新，而近两年则强调了小额信贷作为一种适当的金融创新应该给予大力发展。成立小额信贷组织，正是贯彻党中央、国务院关于加快新农村建设政策精神的具体实践。

在中央 1 号文件的要求下，2005 年 4 月，中国人民银行总行金融市场司在大连召开了全国信贷工作会议，明确要求在 4 个省进行非政府组织（non-governmental organization，NGO）性质的小额信贷组织试点工作。5 月 31 日，市场司又召集成都、西安、贵阳、太原四家分支机构的分管行长，就小额信贷试点工作进行部署，明确创建小额信贷组织的目的是为了给垄断农村金融服务领域的农村信用社培育竞争对手，为促进农村资金回流，引导和规范民间融资，形成竞争性农村金融市场创造条件。

按照中国人民银行总行的要求，山西省人民银行领导晋中市中心支行和平遥县支行，与当地各级政府部门密切配合、周密部署、精心组织，终于在 2005 年 12 月 27 日在以古城和钱庄、票号著称的平遥县成立起两家真正意义上的民间金融机构——晋源泰小额信贷有限责任公司和日升隆小额信贷有限责任公司。同时，这也是四个省份中最先成立的民间小额信贷组织。

二、成立民间小额信贷公司的现实意义

因为小额信贷公司的资金完全来自发起人个人的现金，加之人民银行对其支农贷款有最低比例的要求，因此对于活跃农村金融市场、直接服务三农具有重大的现实意义。

首先，它有利于深化农村金融体制改革，构建多元化的农村金融服务体系。深化农村金融改革是建设社会主义新农村的重要内容。目前，农村金融体系包括农村信用社、政策性银行、邮政储蓄和民间金融，将来还会包括商业性小额信贷机构。山西平遥县的晋源泰和日升隆两家小额信贷有限责任公司在全国试点省份中率先挂牌，是对多元所有制资本开放农村金融市场的一次审慎尝试和重大创新，是我国金融发展史上的一个重要里程碑，这对于建设社会主义新农村，规范农村金融市场，推动农村信用社改革，培育竞争性金融市场，合理引导规范民间融资，具有极其重要的现实意义。同时，对全面推进全国小额信贷工作也将产生积极而深远的影响。

其次，这是对地下融资“阳光化”，规范民间资本合理进入金融领域的一次大胆尝试。近年来，随着国有商业银行机构网点从农村大量撤出，金融对“三农”经济支持不足的问题变得越来越突出。从平遥县情况看，金融机构贷款无论投量还是投向，远不能满足农村经济快速发展的需要。到 2005 年 12 月末，全县金融机构各项存款为 32 亿元，各项

贷款为 19 亿元，其中，农业贷款仅为 6.5 亿元，而农业贷款的 93.4%是靠农村信用社提供，信贷投入明显不足。加之农村资金大量外流，以及“三农”经济的高风险等众多因素影响，导致农村经济得不到充分、有效的金融支持，严重制约了农民脱贫致富奔小康，不利于社会主义新农村建设，并造成了民间融资甚至高利贷暗流的涌动。据相关资料，平遥县个体工商业发展较快，民间融资异常活跃，规模已达 8 000 万元。因此，规范和引导民间融资，使其合理正规进入融资渠道，势在必行。小额信贷公司的成功组建，是金融服务的制度创新，是服务“三农”经济的大胆尝试，不仅为农户剩余资金公平、公开地进入信贷市场提供机会，而且在促进农村信贷市场发展、增加农民收入、维护社会稳定等方面也必将产生积极而深远的影响。

最后，在平遥县建立民间小额信贷组织具有典型的经济文化基础和明显的示范意义。一方面，平遥县是历史文化名城，平遥古城已被列为世界文化遗产，又因其明清时期规模巨大的钱庄、票号闻名遐迩。因此，选择平遥县开展小额信贷组织试点工作有利于充分利用特有的经济文化环境，有利于弘扬“敬业、诚信、严谨”的晋商文化，进而在全国弘扬“诚实、守信”的社会风尚。另一方面，作为中西部欠发达县区，农业在平遥经济中的份额和作用举足轻重，同时又存在着金融机构布局不合理、金融支持“三农”经济的力度不足等问题，所以在这里开展这一工作对于山西乃至全国农村金融体制的改革和完善，确实具有较大的代表性和明显的示范意义。

三、民间小额信贷公司组建和运行的程序及法律依据

平遥县晋源泰和日升隆两家小额信贷公司的组建和运行，从始至终完全按照法律的程序来进行，真正体现了“公开、公平、公正”的原则。

首先，由平遥县副县长任组长，人民银行行长任副组长，以及经贸、财政、税务、工商、农业、宣传、担保和银行监管办等方面的领导任组员，组成“平遥县开展小额信贷试点工作实施小组”，并在网站、电视和报刊上实时发布《平遥县开展小额信贷试点实施方案》、《招标公

告》、《招标文件》、《投标书》和《招标报名表》等相关文件，以便让更多更具有代表性的投标人知晓和参与这项工作，体现“公开”的原则。

其次，在《招标公告》的“发起人资格要求”中，要求投标人必须是自然人，不允许党政群机关、金融机构等在职人员参与；投标人必须道德优良，诚实守信，无违法违规记录；资金必须是经公证的合法现金。另外，投标采用密封递标，开标采用公开开标的形式，以保证整个招投标工作的“公平和公正”原则。经过公开招投标，在 5 组发起人中，晋源泰和日升隆两家小额信贷公司分别以 1 600 万元和 1 700 万元中标。

最后，试点工作实施小组明确指出，小额信贷公司的组建和运行依照《中华人民共和国公司法》（以下简称《公司法》）来进行。第一，公司的内部组织机构和公司章程严格依照《公司法》的有关规定设置。第二，平遥县试点工作实施小组制定《平遥县小额信贷公司监测考核办法》、《关于对平遥县小额信贷公司业务开展有关事项的通知》，并从贷款种类、贷款方式和利率定价等方面制定了《关于对平遥县小额信贷公司业务开展的指导意见》。要求两公司按月向县小额信贷试点工作实施小组办公室报送月度业务状况表，按季报送资产负债表和季度业务情况报告书面材料。小额信贷试点工作实施小组办公室负责对上述报告和材料进行非现场监测和分析，并按季进行现场检查。第三，在政策扶持方面，由工商部门按照《公司法》颁发营业执照，税务部门比照农村信用社改革政策给予税收等方面的优惠。

四、民间小额信贷公司的法人治理结构

按照《公司法》的要求，为了保证公司的正常发展和不断壮大，“晋源泰”和“日升隆”运行的指导思想是“商业性、盈利性、可持续发展”，并严格坚持“自主经营、自我约束、自我发展、自担风险”的原则。

当被问及公司治理结构时，初任晋源泰小额信贷有限责任公司董事长的韩士恭先生介绍说，两公司均为自发组织，彼此非隶属关系。资本金完全来自发起人自有资金。晋源泰现有股东 4 人，职工共 15 人。董事长是由股东会议民主推举的。同时，公司也成立了董事会、理事会和监事会。包括大额贷款审批在内的公司重大事务都是由股东会议最终裁

决。董事长最终要对股东的股份增值和保值负责。由于董事长、理事长（经理）都是公司的股东，所以大家为公司的良好运行和发展都兢兢业业，努力工作。

五、民间小额信贷公司的资产负债运行状况

在谈及公司的资产负债状况时，韩董事长说，为了保证资本的充足性，公司1 600万元的资本金100%来自4位股东。然而考虑到公司未来的发展壮大，目前也在考虑资本金的补充问题。补充的资本金可能来自以下三个方面：一是原有股东的增资扩股；二是其他自然人和法人的投资入股；三是争取各种捐赠资金和政府扶持资金。

关于负债的吸引和增加问题，韩董事长介绍说，在成立后的三五年内，公司很难与以国家信用为背景的农村信用社竞争。为了避免可能的挤兑现象发生，公司按照国家政策和小额信贷工作小组的要求，不准备吸收百姓的零星存款，即“只贷不存”。然而为了解决公司未来资金短缺的问题，准备争取三方面的负债来源：一是靠国内外金融机构的投资和其他委托投资；二是人民银行的再贷款；三是通过人民银行转借邮政储蓄资金。

关于资产结构，韩董事长介绍说，截至2006年，公司已向135家农户、个体工商户和私营企业发放贷款850多万元，其中三农贷款620多万元，占73%，符合工作组要求的三农贷款比例最低70%的要求。贷款重点投向从事种植业、养殖业、林果业、农副产品加工业、农村流通业、农村中介服务和其他农村社会事业的生产者和经营者。另外，旅游贷款占15%，其他贷款占12%。为了体现支农、助农的作用，三农贷款执行最低月利率13.05‰，旅游和其他行业贷款则执行月利率17‰～18‰，也符合国家政策以银行基准利率的4倍为上限的要求。另外，为了避免风险的集中，贷款单户金额最高未超过10万元，其中5万元以下农户贷款比例超过了70%。

关于资产质量和贷款担保，韩董事长说，2006年3月25日和4月25日结息，全部借款人都能按时按量结清。尽管本金还没到期，但从结息情况看，本金到期收回应该没有问题，对资产质量比较有把握。贷款担保主

要以信用贷款方式为主，并辅之以抵押、质押、信用、担保等多种形式。

第二节　美国小企业如何获得普通担保贷款和特种贷款

美国小企业的发展，不论是对稳定经济增长，还是对解决就业，都发挥了举足轻重的作用，很值得当下的中国借鉴和学习。在美国，直接帮助小企业发展的机构是作为美国政府机构之一的小企业管理局[①]。美国小企业管理局（以下简称 SBA）并不直接向小企业提供贷款，但它通过制定贷款行为指南，指导包括借贷组织、社区开发银行、微型放贷机构等合作金融机构向小企业发放贷款的工作。另外，最让这些放贷机构乐意为之的最大保障是 SBA 会替这些小企业提供借款担保，因此大大消除了放贷金融机构放贷偿还的信用风险。

SBA 主要向小企业提供三种财政金融政策支持：第一，通过提供担保，借助第三方金融机构，使小企业顺利获得贷款；第二，为小企业发放的债券提供担保；第三，帮助小企业寻找风险投资。本文介绍和分析第一种担保贷款，其中又分为普通小企业担保贷款和特种贷款。

一、申贷小企业的合格性审查

当一家小企业向 SBA 申请贷款担保时，SBA 主要从三大方面审查它的合格性：第一是未来偿还到期贷款的资金来源，比如偿还资金主要来自生产经营，还是商业项目等；第二是该小企业的所有制结构，比如是股份制，还是合伙制等；第三是该小企业的经营地点在哪里。

在审查借贷小企业是否合格阶段，SBA 规定，只有达到下述要求的小企业借贷才是合格的：

（1）开展的经营活动是以营利为目的；

（2）企业营业额达到 SBA 的“小”企业标准，比如年营业额小于

---

① 美国小企业管理局（U.S. Small Business Administration，SBA），类似于中国的乡镇企业管理局，也是一个政府机构。它会向美国成千上万的小企业提供包括贷款担保等各类服务，不过它的很多服务并不是免费的，比如它就会按照市场经济的原则向被担保借款小企业收取担保费等。其运作的很多经验值得我们学习。故在借鉴美国小企业管理局网站相关内容基础上，介绍其向小企业提供借款担保等相关经验，以供相关政府机构和中小金融机构，比如最近几年新成立的 1 000 多家村镇银行以及原有的几千家信用社，借鉴和参考。

50万美元；

（3）开展或计划开展业务的地点处在美国境内或美国占领地区；

（4）已拥有入股投资者；

（5）在申请本项资金支持之前，个人已经投入了资产；

（6）能够说明为何需要这笔贷款，即借贷原因；

（7）借到该笔贷款后，保证稳健经营；

（8）对于所欠政府的其他债务，未出现过逾期不还的情况。

而对于出现下列情形的小企业，SBA认为其借贷申请不合格：主要从事放贷业务的金融类企业，比如银行、财务公司、发薪日贷款人(一种高利贷机构)、租赁公司等；被有些地产开发商拥有，却没有积极运用和经营的某些工商企业；人寿保险公司；经营地点在美国国外的工商企业；按金字塔形开展营销业务，参加者主要靠层层扩大营销队伍获取收入的工商企业（比如传销组织）；三分之一以上的年总收入主要来自所谓合法性赌博活动的工商企业；从事任何非法活动的工商企业；限制成员规模的私营俱乐部和工商企业；政府拥有的实体；主要从事宗教或宗教信仰的讲授、培训、咨询、传播等活动的工商企业；消费者合作组织或营销合作组织；三分之一以上的年总收入来自打包SBA贷款再转贷的贷款打包转贷商（loan packagers）；被放贷机构或其联合会拥有股权的工商企业；主要从事黄色表演行业，或其总收入的2.5%以上来自性产品和性服务销售的工商企业；主要从事政治或政治游说活动的工商企业；投机性工商企业，比如石油勘探类企业。

二、贷款资金的用途

当一家小企业借助SBA支持获得贷款后，它们可以把该笔资金投入很多业务中，但SBA亦规定了一些限制措施，比如不能用于购买以投机盈利为目的的金融资产；不能支付给想要撤资的原股东等。

贷款的一般用途包括：

（1）用做长期流动资本，支付经营费用、应付账款和采购存货等；

（2）用做短期流动资本，应付季节性资金、履行合同、建设资金和出口的需要；

（3）在特定情况下，用做循环性资金，协调库存和应收账款的结构等；

（4）购买设备、机械、家具、装置品、供应品和材料等；

（5）购买房地产，包括土地和房屋；

（6）用于建筑物建设或装修原有建筑物；

（7）建立一家新企业，或收购、经营或扩大另一家已有企业；

（8）在一定条件下，偿还企业的现有债务。

SBA 也规定借款小企业被禁止的贷款用途，这包括：禁止偿还小企业的现有债务；禁止导致小企业的所有权发生变化，特别是当这种变化并不会给企业带来什么好处；禁止用于偿付小企业所有者的原有投资或股份投资；禁止用于偿还拖欠的州或联邦税款等；禁止用于被 SBA 认为不安全或不稳健的投资工具或渠道。另外，SBA 规定，当借款小企业不肯定自己的投资用途是否合乎 SBA 的规定时，应该及时向 SBA 批准的放贷机构进行咨询。

三、贷款的偿还

（一）贷款期限

实际上，SBA 的贷款项目鼓励相关金融机构向小企业发放期限较长的贷款。但由于贷款的偿还毕竟取决于借款小企业的偿还能力、贷款用途和利用贷款所购资产的使用周期，所以对于不同用途的贷款，SBA 就规定了一个小企业贷款的大概期限上限：不动产贷款，最长为 25 年；设备贷款，最长为 10 年；流动资本贷款，最长为 7 年。

当然，小企业也可以通过 SBA 向相关金融机构申请短期贷款和循环信贷额度，以满足其短期流动资金和再生产资金的需要。

（二）分期偿还

通过 SBA 担保获得贷款的小企业都需要按月分期偿还本息。具体来讲，如果是固定利率贷款，借款小企业每月的偿还额是固定不变的。但如果是浮动利率贷款，当利率发生调整时，贷款偿还额也会相应发生改变。当小企业在借款初期资金紧张时，可以向放贷金融机构提出申请，请求前期先偿还利息，待产生收入后再一起偿还本息。对于借款小企业到期前提前偿还贷款，放贷金融机构并不收取罚金，但如果期限是 15 年以上、借款小企业欲在前 3 年就偿还的贷款，金融机构就要向借款小企业收取“提前偿还手续费”。

（三）贷款担保

实际上，SBA 期望每一笔贷款都得到全额担保，但当借款小企业把可能的资产全部用来担保贷款了还不够时，SBA 在得到请求的情况下也是会提供剩余担保的。这就意味着，对于 SBA 小企业贷款，应该是全额担保，无论是来自企业的、所有者的，还是 SBA 的担保，直到贷款全额得到保证为止。小企业所有者提供的担保额最高可达企业股份的 20%以上。有时还可采用质押小企业主要所有者个人财产的方式来担保该贷款。

四、贷款金额、手续费和利率

借款小企业可以就贷款的具体条件与 SBA 批准的金融机构详细谈判，但一般要遵循下述规定：

（一）贷款金额

SBA 贷款的最高额度不超过 500 万美元，最低额度不限。2012 年 3 月至 2013 年 2 月财政年度，该类贷款平均每笔金额为 337 730 美元。

（二）担保费

在为贷款提供担保的同时，SBA 还要评估出应收取多少担保费。该担保费是基于整笔贷款中被担保的那部分金额，结合到期期限来计算的，并不是基于所有的贷款金额。起初，该担保费由放贷金融机构支付给 SBA，但最终还是要分摊到借款小企业头上。

关于贷款担保费的计收方法，2013 年 10 月 1 日，SBA 作了具体规定，见表 5-1。

表 5-1　**美国小企业管理局小企业贷款担保费率**

贷款金额（美元）	借款期限（年）	担保费率（%）
≤15 万	—	0
＞15 万	≤1	0.25
15 万～70 万	＞1	3
＞70 万	＞1	3.5
≥100 万	＞1	3.75（=3.5 + 0.25）

资料来源　整理自 ANON.7（a） Loan Amounts，Fees & Interest Rates[EB/OL].[2015-03-19].http：//www.sba.gov/content/7a-loan-amounts-fees-interest-rates.

从表 5-1 可以看出，对于金额小于等于 15 万美元的贷款，免收担保费，即担保费率为 0；对于金额高于 15 万美元、期限在 1 年及以下的贷款，计收被担保金额的 0.25%的担保费；对于金额在 15 万至 70 万美元、期限在 1 年以上的贷款，计收被担保金额的 3%的担保费；对于金额高于 70 万美元、期限在 1 年以上的贷款，计收被担保金额的 3.5%的担保费；但贷款金额超过 100 万美元、期限在 1 年以上时，除了计收被担保金额的 3.5%的担保费，还要收取被担保金额的 0.25%的附加费，即总费用率合计达 3.75%。

（三）利率

美国小企业担保贷款的实际利率，无论是固定利率，还是浮动利率，都可以由借款小企业与放贷金融机构谈判确定，但不得违背 SBA 规定的利率上限政策。该利率由两部分构成：基准利率加上利率差幅。关于基准利率，有三种选择，即国家财经日报公布的基准利率、伦敦同业拆借月利率加 3%后的合计利率、SBA 盯住利率。

关于利率差幅，SBA 规定，期限小于 7 年的贷款，放贷金融机构在基准利率之上可以再加的最大利率差幅是 2.25%；而期限为 7 年及以上的贷款，最大利率差幅为 2.75%。对于金额小于 5 万美元的贷款，以及按照“快速程序”处理的贷款，SBA 允许计收的最大利率差幅要再高一点。

这里所说的基准利率，都是指 SBA 收到小企业担保贷款申请当月的第一个营业日生效的基准利率。

（四）SBA 担保的百分比

SBA 为小企业贷款提供的担保比例也比一般性商业担保比例（70%）要高，具体比例见表 5-2。

表 5-2 **美国小企业管理局小企业贷款担保比例**

贷款金额	担保比例
≤15 万美元	85%
＞15 万美元	75%
快速处理贷款（express loan）	50%
最高担保金额为 375 万美元	

资料来源 整理自 ANON.7（a） Loan Amounts，Fees & Interest Rates[EB/OL].[2015-03-19].http：//www.sba.gov/content/7a-loan-amounts-fees-interest-rates.

从表 5-2 中可以发现，对于金额小于等于 15 万美元的小企业贷款，SBA 可以提供最高 85%的担保比例；而高于 15 万美元的，该比例下调为 75%。但为了控制风险，SBA 可以担保的最高金额不会超过 375 万美元。比如一笔 500 万美元的小企业贷款，按照 75%的担保比例，SBA 只能担保 500 万美元中的 375 万美元（即 500 × 75% = 375）。而对于"快速处理贷款"（express loan）（指 SBA 会在 36 个小时之内就是否接受贷款担保申请给予答复），SBA 可以提供的最高担保比例进一步下调至 50%。

五、小企业担保贷款申请程序

一旦一家小企业想从 SBA 获得小企业担保贷款，它就应该及早准备申请该贷款所需要的相关材料。由于 SBA 只提供担保，并不直接放贷，所以该小企业应该首先联系当地放贷金融机构，按照 SBA 的规定开始进行申请贷款的各项准备工作。其具体程序如下：

（1）小企业担保贷款的申请。主要是填制"SBA 担保贷款申请表"。

（2）个人背景资料和财务状况。为了证明该小企业申贷条件的合格性，要求填制两张表格——小企业法人的"个人履历表"和"个人财务状况表"。

（3）填制和递交企业财务报表。为了支持贷款申请和证明未来偿还贷款本息的能力，小企业还要填制和递交两类财务报表：第一类表是近 3 个月的"损益表"，还要附上近 3 年的损益说明。第二类表是未来"财务规划表"，其中要详细说明未来 1 年的收入和财务规划，并附上实现这些规划的书面说明。

（4）所有权和附属公司的说明。其中要包括该小企业的子公司和附属公司的名称和地址。

（5）提交小企业的营业证书或营业执照。如果该小企业是一家股份有限公司，还要在贷款申请表上盖上公司的章。

（6）过去申请贷款的说明。主要是说明过去申请的贷款情况。

（7）所得税申报说明。主要指小企业主要负责人在过去 3 年中个人和企业联邦所得税的申报情况。

（8）提交个人简历。要提交小企业每一个主要负责人的个人简历表。

（9）企业概况和历史。主要包括小企业发展的简史和目前面临的挑战。还要说明为什么需要这笔贷款，以及该笔贷款对企业发展有什么作用。

（10）提交企业租约的复印件。如果小企业的房屋是租赁的，就要提供租约或出租方提供的租赁契约，说明租赁条款。

（11）如果申贷小企业正在收购另一家企业，那它还要提供被收购企业的“资产负债表”和“损益表”；被收购企业前2年的“联邦所得税申报表”；“拟收购单据”和收购条款；包括存货、机器设备、家具和装置在内的收购价格。

申贷小企业按照上述程序将所需材料准备齐全无误，并交予金融机构后，该机构经过审核，再将所有材料提交SBA，等候其担保和处理。

六、小企业特种贷款

为了帮助小企业发展壮大，除了向众多小企业提供上述一般性工商担保贷款外，美国小企业管理局还向符合条件的小企业提供小企业特种贷款。这类贷款又分为两种。

1. 上限贷款额度

这种贷款额度的最高限额是500万美元，以满足小企业的短期和周期性流动资金需要。具体讲，小企业可以将此贷款用做：季节性流动资金；建筑材料购置费、提供服务和货物的采购成本费；履行分包合同和订货的购置成本费；与商务楼和住宅楼建设相关的直接成本费；以及具有特殊偿还方式的一般流动资金。该上限额度政策又细分为4种不同的贷款方式。

（1）合同贷款项目

该贷款主要用于满足小企业履行合同、分包合同或满足订单需要而采购商品或原材料等的成本费需要。因此，小企业得到贷款后，可以在开工之前用于垫付购货款。当然，该政策也规定，对于正在履行2个及以上合同或分包合同的小企业，且该小企业的下游买方已经预付了采购款，则该小企业便可以循环使用借助 SBA 得到的该“合同贷款”；但如果该小企业只执行 1 个合同或分包合同，且在得到下游买方的预付款之前就发生了各项费用，借到合同贷款，那么该贷款就不能循环使用了。该贷款的最长期限是 10 年，一般由借款小企业直接还给放贷银行即可。

（2）季节性信贷额度项目

该信贷额度主要用于小企业在一般性库存之上新进库存、暂时弥补应收账款亏空，以及增雇劳动力和采购原材料。但申请该额度的条件是该小企业的经营期限已经超过 12 个月、已经建立了固定的季节进货模式、没有未偿还的其他季节性贷款等。另外，对已经使用过该信用额度，且原有库存用完之后的 30 天，该小企业还可以再循环申请该信用支持。该季节性信贷的最长使用期限是 5 年。

（3）建筑商信贷额度项目

该信贷用以支持小型建筑商或开发商从事的住宅楼和商务楼的建筑项目，但条件是该建筑建成后并非自用，而是要出售给第三方。贷款的期限一般是 3 年，但必要时，比如用于支持房产销售时，可以展期到 5 年。款项可以具体用于购买、建筑或修复住宅房或商务房；也可以用来购买金额不超过贷款总额 20%的土地；以及金额不超过贷款总额 5%的房屋环境维护等。

（4）流动资金信贷额度项目

这是一种金额不超过 500 万美元、可循环使用于短期流动资金方面的贷款项目。一般借用此贷款的小企业多是要赊销产品给客户，或者要进货。借用金额多少，一般是根据小企业的赊销规模或进货多少来定。而偿还贷款的资金来源，也是产品的应收账款或货物的销售收入。如果借款小企业提交了担保品，则视保管担保品的难易程度，还要计收附加手续费。

2. 出口贷款项目

美国小企业管理局对于旨在开发或开拓国际市场的小型出口企业，设计和给予了很多优先贷款的便利政策。

（1）出口快速贷款项目

该快速贷款项目的最大额度是 50 万美元，是小企业管理局提供的一种最便捷的出口贷款品种，因为它允许参加SBA融资网络系统的放贷金融机构可以按照自己的放贷方式和程序向申贷小出口企业提供贷款。当然，之前要获取SBA在36小时之内给予的关于合格性审批答复。

①合格性审核。任何一个申请此类贷款的小出口企业（有时甚至不需要一定是出口企业），都应该已经持续经营了至少12个月以上的时间，且要说明该贷款的款项将用于支持出口活动。当然，如果小企业能够出示其主要高管拥有出口经验和成功运作企业的阅历，并且放贷金融机构已经采用了传统的放贷担保和信用评分等各项贷款保全措施，则该小企业经营期限可以不必达到12个月。

②用途审核。该快速贷款既可以采用定期贷款的方式，也可以采用循环贷款方式。具体可以用于支持小企业各种出口内容，比如支持参加国外商品展览，用做小企业向银行申请开立备用信用证的担保金，甚至用于将企业的对外宣传材料翻译成外文的费用，还可以用于采购计划出口的货物，或者购买生产设施、设备，甚至办公用房等。

③申请程序。拟借款小企业可以在当地寻找一家已经加入了美国小企业管理局的出口快速放贷者网络的金融机构，直接向该金融机构申请，并填制小企业管理局“借款人信息表”，连同其他材料一并交给该金融机构。待申请获得审批后，该金融机构将该小企业借款合格性信息转交小企业管理局。

（2）出口流动资金贷款项目

出口流动资金贷款项目是用于支持小出口企业从采购待出口的货物到收到出口结算款项之间的预支资金需要，金额一般不超过500万美元。该项目要求小企业交一点担保费，且要等待一段时间。

①申请过程。借款小企业在当地寻找一家可以提供美国小企业管理局担保贷款的金融机构，在完成出口销售或正式签订出口合同之前，就向该金融机构提出申请，申请这种出口流动资金项目贷款。一旦获得了这种贷款，小企业在与进口方谈判出口付款条款时就取得了主动。当然，也要注意，该贷款只能用于采办待出口的货物或原材料，或者缓解还未收到的对外应收账款的资金紧张。

②用途审核。该出口流动资金贷款只能用于3个目的：第一，采购货物、增加库存、支持在制品生产等出口货物或服务的准备；第二，在期限较长的出口应收账款到期前，支持企业的资金需求；第三，用做小企业向银行申请开立备用信用证的保证金，一般这种备用信用证主要用做国际投标保函、履约保函、支付定金的保函等。

（3）国际贸易贷款项目

国际贸易贷款项目，是由SBA提供担保、加入SBA财金系统的金融机构提供的、金额在500万美元以下、主要用于开办小企业或已有小企业开展出口业务而需要购买固定资产或流动资金的贷款。对该贷款申请，具体从3个方面审核。

①合格性审核。小企业申请该国际贸易贷款的第一个条件是其拟扩大现有出口市场，或开拓新的出口市场。第二个条件是小企业正面临进口货物的强劲竞争的影响，且能说明一旦获得该贷款便能改善其竞争地位。

②用途审核。贷款资金可以用于支持在美国境内生产出口产品、出口服务、开拓和渗入国际市场的设施和设备的购置、建设、更新、换代、改良、扩大等活动。资金也可以用来支持现有贷款。

③申请过程。借贷小企业可以在当地寻找已经加入了SBA担保贷款网络系统的金融机构。在取得联系，并向其提交所需材料后，由SBA与该金融机构联合审核确定该小企业是否可以获得该类贷款。为此，美国小企业管理局在各地设有“美国出口帮助中心”，在这里，小企业也可以查询到自己是否够格获得这类出口贷款。

七、结语

近年来，随着中国经济的平稳着陆以及收入分配差距的加大，如何推动小企业的发展就成为中国宏观经济结构调整中的重要举措之一。而中国的小企业发展还远远不够。故借鉴最大的工业化国家美国的财金政策支持小企业发展的经验，就成了我们发展小企业的可走“捷径”。就该文的研究内容来讲，可供我们借鉴的内容主要有4个方面：第一，美国对申请贷款的小企业资格的审查条件；第二，美国小企业可以把贷款用于哪些方面，即贷款用途；第三，美国对小企业借款的担保费率、担保比例和利率的具体规定；第四，美国小企业特种贷款中的出口贷款的具体规定和措施。

第三节　商业银行信贷风险的征兆与对策

就我国商业银行目前的资产结构来看，信贷资产仍然是其资产的主要构成部分。因此，信贷风险也就成为商业银行不得不面对的主要风险。我国商业银行对信贷资产的风险管理，一般多停留在对流动性指标等显性指标的监控上，而对信贷风险发生前的征兆却没有给予足够的重视和观察。本文便是从工商业贷款、贸易融资贷款、房地产贷款、房地产建筑贷款和个人消费贷款等 5 种贷款的角度出发，探讨其各自在出现风险之前表现出哪些具体的征兆，并有针对性地提出应对之策或预防措施。

一、工商业贷款

工商业贷款一般分为流动资金贷款和定期贷款。

1. 流动资金贷款

流动资金贷款，是银行向工商企业提供的用于购买原材料或满足其他生产经营需要的短期贷款。流动资金贷款多具有季节性特征。

（1）对于已经发放的流动资金贷款，它在发生偿还逾期或成为呆坏账之前的具体征兆一般表现为：

第一，借款企业用流动资金贷款发放工资、支付管理费用、支付债务利息或其他与贷款用途无关的开支。

第二，借款企业用流动资金贷款所获得的资金来购买长期资产，如固定资产等；或者用流动资金贷款来进行资本性支出，如赎回本公司的股票、偿还长期债务、支付股息等。

第三，借款企业虽然及时偿还了银行的贷款，但却未能按期偿还对供应商的欠款。这可能导致供应商不愿再向借款企业提供商业信用，从而使借款企业将来会更加依赖银行资金。

第四，银行发放贷款时的抵押率过高，或是因为存货跌价、应收账款出现坏账导致抵押物价值下降，从而出现抵押率过高的情况。

（2）当出现上述情况时，借款人就可能无法在经营周期结束时偿还银行的贷款。此时，贷款银行通常可以采取 3 种对策：

第一，要求借款人用将来的利润分期偿还未还清的贷款余额；

第二，当借款人的财务状况和资本实力明显恶化，借贷关系难以维持时，可以要求借款人寻找其他的融资渠道，或是要求借款人的股东增加资本；

第三，当确认借款人无法持续经营时，只能没收抵押物，以抵押物变现获得的资金来偿还贷款。

2. 定期贷款

定期贷款，是用于为借款人提供购买长期资产的资金，如建厂房、购买设备或满足生产经营的长期资金需要。其期限在 1 年以上，风险较大。

（1）定期贷款出现问题的前兆

①贷款期限与用贷款资金购置的资产寿命不一致；

②经营中产生的现金流不足以偿还定期贷款的本息，解决问题的唯一办法就是改善经营状况；

③因为竞争激烈等原因，借款人所经营的业务利润率趋于下降，必须多生产产品、多投入资金，才能获得同样的利润，这样也会导致可用于偿债的现金减少；

④销售收入低于预期水平，导致单位成本无法降低、现金紧张、偿债能力不佳；

⑤在贷款还清之前，用贷款购置的长期资产已经因技术过时而被淘汰，使得抵押率超过正常水平；

⑥剩余的现金流入被用于支付高工资或其他非必要用途；

⑦贷款还本付息的压力过大，使得企业无法正常地积累和发展；

⑧经营不善或不可预期的行业性突变，使得借款人的财务状况恶化。

（2）预防措施

为了预防定期贷款出现上述问题，应采取下述预防措施：

第一，审核银行贷款的政策、程序和内部控制机制是否充分到位；

第二，审核银行的有关人员在贷款的操作中是否遵守了内部的政策和程序；

第三，确认贷款的质量、合同执行情况、可收回性和抵押品的充足性；

第四，确定银行内部审计的范围和充足程度；

第五，检查信贷业务的合规性情况；

第六，当贷款的政策、程序、内部控制或合规性存在问题时，应向银行上级领导及时提出整改意见。

二、贸易融资贷款

所谓贸易融资贷款，是指一切与国际贸易融资有关的融资服务，包括出口押汇、进口押汇、打包放款和信用证业务等。

1. 在贸易融资贷款业务中，资金可能出现风险的征兆

（1）信用问题。即借款人（进口商或出口商）无法偿还贷款，或是信用证项下无追索权的付款，开证行未能履行付款义务。

（2）操作问题。它分为两层含义：一是指国际贸易结算过程中因缺乏专业人员或健全的内部控制机制从而导致信用证和结算单据审核的失误；二是指贷款的记账、资金的划拨等方面可能出现的失误或人为的舞弊。

（3）汇率问题。因为贸易融资涉及国际间的资金收付，如银行付给出口商的可能是外币，或者银行代进口商支付的货款也可能是外币，这样，银行账面就出现了外汇的头寸，从而银行需要承担额外的汇率风险。

2. 贸易融资贷款风险的防范对策

第一，虽然打包放款有合同或信用证作保证，出口押汇有单据及其待收的货款作保证，进口押汇有货物单据作保证，但如果借款人不能按时偿还贷款，银行就会面临不得不处理单据或收缴货款以补偿贷款的尴尬局面。因此，尽管贸易融资往往以有形的货物交易为背景，但银行仍要对借款人的财务状况和信用状况进行审核、确认。

第二，银行内部应该建立完善的信息管理系统，对逾期的贸易融资贷款应该及时报告给上级领导，以便使管理层随时跟踪信贷风险状况，并及时采取补救措施。

第三，对于可能出现的操作风险，银行必须配备熟悉国际贸易结算惯例的精干业务人员负责贸易融资和国际结算。同时应该制定并严格按照审单、审证的操作规程进行业务操作，一旦发现单据或信用证上的问题，或单证不符的问题，应立即暂停贸易融资款的发放。

第四，对于循环信用证或分批交货的信用证，应注意其定期交货和定期融资的特点，避免货物未交或货款未到就全部提供融资的情况发生。

三、房地产贷款

房地产贷款指以土地使用权或以正在建设或已经建成的房产作抵押的贷款，包括商业用房地产抵押贷款和个人房地产抵押贷款两种。房地产贷款一般有很长的期限，常被称为永久性融资，即从提供贷款到借款人还清所有的贷款本息，需要经过借款人多年的分期偿付，只有借款人付清了所有的贷款本息，他才能最终获得房屋的全部产权。因为房地产贷款的期限较长，所以自然而然就会产生流动性风险。

1. 房地产贷款出现风险的征兆

（1）在同一地区不断兴建同类项目，致使出现供过于求的局面；

（2）项目的计划或设计中途改变；

（3）商用房的租金退让或销售折扣过大，导致项目产生的现金流低于可行性报告中预测的水平；

（4）出租率低、销售价格低，或销售缓慢，使得盈利率达不到预计水平，导致资金回笼缓慢，无法按时偿还贷款；

（5）房地产项目涉及环境污染，被责令承担清理责任，甚至需要拆迁，或者房地产所在地区将被政府重新规划，对其房地产价值产生不利影响；

（6）发现借款人借款是为了投机性炒作房地产，还款的唯一来源是房产出手后的销售款；

(7) 原来的房地产贷款被展期，但缺乏可行的还款计划。

2. 防范对策

第一，银行应确认房地产贷款的政策、程序和内部控制是否落实；

第二，银行信贷人员在房地产贷款的管理和操作中是否遵守了内部的政策和程序；

第三，确定银行对房地产贷款的内部审计和贷款内部审查职能的范围和充足程度；

第四，对银行房地产贷款的质量、抵押品的充足性等进行评估；

第五，检查房地产贷款的合规性情况；

第六，若房地产贷款的政策、程序、内部控制或合规性存在问题，提出问题整改意见。

四、房地产建筑贷款

所谓房地产建筑贷款，是指对特定的房地产建设项目提供的贷款。因为房地产建筑贷款的风险较高，所以银行在提供这种贷款时，往往是根据建设的进度有监督地分批拨付资金。

1. 房地产建筑贷款发生风险的前期征兆

(1) 借款人财务问题，具体表现为：流动性不足，债务率过高，现金净流出，应付款大幅增加。

(2) 房地产建设项目本身出现了问题，具体表现为：部分建材供应不畅，天气原因导致建设不能顺利进行，地基工程中遇到意想不到的困难等一些借款人不可控制的因素影响工期和成本，工程质量不合规格要重新施工，建设过程中未经各方同意擅自改变建设计划，夸大前期工程的成本并将多余资金挪作他用，销售缓慢等。

2. 应对策略

对于上述征兆，贷款银行应该采取如下对策：

第一，对借款人应付款累积问题应特别重视，可以向税务局查询借款人交缴税款的情况，向借款人的供货方、分包方等查询拖欠工程款和材料款的情况，甚至向法院查询借款人是否牵涉法律诉讼。

第二，一旦贷款问题发生，银行需要根据借款人的状况、出现问题的原因、建设的进度、抵押权的完整性等一系列信息，权衡利弊，决定是对借款人实施挽救还是直接将未建成的项目低价出售，尽可能收回一些贷款。

第三，若打算挽救借款人，银行应制订详细的挽救计划，并由借贷双方签订协议，如有可能，应要求借款人提供额外的抵押担保。

第四，如经分析，银行认为借款人确实已经没有能力或不适合继续承担工程建设的任务，银行就应该停止贷款资金的投入，并尽快行使抵押权，将现有的项目作价出售。

第五，银行平时应起到监督作用，一方面约束借款人严格按合同和预算进行建设，另一方面及时发现问题，调整贷款资金的发放部署，将风险控制在较低的水平。

五、个人消费贷款

所谓个人消费贷款，是指银行提供给自然人的信用。这里的自然人是指为直接使用或拥有而不是为再次卖出或用于生产制造而获取商品或服务的人。这里的消费贷款不包括房地产贷款。

1. 个人消费贷款发生风险的前兆

（1）借款人到期没有偿还贷款。

（2）借款人的收入出现了较大幅度的下降，或变更了工作单位，而新工作的稳定程度不如前一份工作，或新工作的预期收入不理想。

（3）借款人身体受到了伤害，比如致残，原工作技能受到影响。

（4）借款人所在行业出现了饱和或萧条的征兆。

（5）银行发放贷款以后发现借款人提供的担保品或抵押品完全是虚假的，或是多头担保或抵押，或是不足值担保或抵押。

（6）当银行发放的是固定利率个人消费贷款时，恰遇国家上调利率。

2. 应对策略

应对个人消费贷款上述问题的策略是：

第一，核实借款人的资信状况，随时与其他商业银行、司法、税务、工商等部门取得联系，了解借款人资信状况及其变动情况。对于资信下降的借款人，应该催促其尽快偿还贷款。

第二，对于更换工作单位或身体残疾——特别是影响其工作技能的残疾——的借款人，贷款行应该主动与其所在单位取得联系，确认其工作和收入的水平和稳定性。

第三，对于其所处行业出现萧条征兆的个人，银行应该随时关注借款人的工作岗位是否能保住，以及借款人收入是否能维持原有水平等。

第四，对于提供虚假或非足额担保品或抵押品的借款人，银行应该立即要求借款人提供真实担保或抵押，否则就应提前收回贷款，或在将其担保品或抵押品拍卖以后仍不能偿还贷款的情况下，银行应该及时向诉讼机构提起上诉，要求借款人及时偿还贷款。

第五，为了避免利率上调给银行造成的盈利空间缩小的压力，银行可以通过从事债券资产的远期卖出期货来为可能产生损失的贷款进行保值。

主要参考文献

[1]ARMENDARIZ B, MORDUCH J.The economics of microfinance[M].Cambridge, Massachusetts: The MIT Press, 2005.

[2]BERHMAN J R, POLLAK RT, TAUBMAN P.Parental preferences and provision for progeny[J].Journal of Political Economy, 1982, 90 (1): 52-73.

[3]BRUSH C G, GREENE P G.An investigation of women-led firms and venture capital investment[C]. U.S.Small Business Administration, Office Advocacy, National Women and Business Council, October 20, 2001: 33.

[4]ENGLE P.Influences of mothers' and fathers' income on children's nutritional status in Guatemala[J].Social Science and Medicine, 1993, 37 (11): 1303-1312.

[5]KELLER E F.Reflection on gender and science [M].New Haven, Conn: Yale University Press, 1985.

[6]MAITREESH G.Group lending, local information

and peer selection[J].Journal of Development Economics, 1999, 60 (1): 27-50.

[7]WRIGHT G, CRACKNELL D, RUTHERFORD S.Microsave briefing notes on Grameen Ⅱ number 8: lessons from the Grameen Ⅱ revolution[EB/OL].[2015-03-19].http://www.grameen.com.

[8]HOSSAIN I.Microsave briefing notes on Grameen Ⅱ number 4: financial performance[EB/OL].[2015-03-18].http://www.grameen.com.

[9]NELSON J A.Feminism, Objectivity and Economics[M]. New York: Routledge, 1996.

[10]KHANDKER S R, KHALILY B, KAHN Z.Grameen Bank: performance and sustainability[D].World Bank Discussion Paper 3006, 1995.

[11]KHANDKER S.Microfinance and poverty: evidence using panel date from Bangladesh[D].World Bank Policy Research Working Paper 2945, January, 2003.

[12]LI S.Impact on women's social status transformation of microfinance: in the case of Laishui Poor-aid Association [R].Research report provided by Beijing Education Committee, 2008.

[13]MANIRUZZAMAN M.Microsave briefing notes on Grameen Ⅱ number 5: Grameen Ⅱ's membership[EB/OL].[2015-03-19].http://www.grameen.com.

[14]MODY P.Gender empowerment and microfinance [D].Working Paper, Evans School, 2000.

[15]MORDUCH J.Microfinance sustainability: a consistent framework and new evidence on the Grameen Bank. First Draft, 1997.

[16]YUNUS M, WEBER K.Creating a world without

poverty: social business and the future of capitalism[M].Perseus Books Group, 2007.

[17]YUNUS M.Is Grameen Bank different from Conventional Banks? [EB/OL].[2015-03-19].http://www.grameen.com.

[18]YUNUS M.More information and performance of Grameen[EB/OL].[2015-03-19].http://www.grameen.com.

[19]ANON.Prof.Muhammad Yunus & Grameen Bank Awarded The Nobel Peace Prize for 2006[EB/OL].[2015-03-18]. http: //www.grameen - info.org/index.php? option=com_content&task=view&id=12.

[20]ROSENZWEIG M R., SCHULTZ T P.Market opportunities, genetic endowments and intrafamily resource distribution: child survival in rural India[J].American Economic Review, 1982, 75 (5): 723-746.

[21]RUTHERFORD S.Microsave briefing notes on Grameen Ⅱ number 2: member savings[EB/OL].[2015-03-19].http://www.grameen.com.

[22]RUTHERFORD S.Microsave briefing notes on Grameen Ⅱ number 6: membership in Bangladeshi MFIs: growing, volatile, and multiple[EB/OL].[2015-03-19].http://www.grameen.com.

[23]RUTHERFORD S.Microsave briefing notes on Grameen Ⅱ number 3: new loan arrangements[EB/OL].[2015-03-19].http://www.grameen.com.

[24]RUTHERFORD S. Microsave briefing notes on Grameen Ⅱ number 7: uses and users of MFI loans in Bangladesh[EB/OL].[2015- 03- 19].http://www.grameen.com.

[25]RUTHERFORD S.Microsave briefing notes on Grameen Ⅱ number 1: what is Grameen Ⅱ? is it up

and running in the field yet? [EB/OL].[2015-03-19]. http://www.grameen.com.

[26]THOMAS D.Intrahousehold allocation: an inferential approach[J].Journal of Human Resources, 1990, 25 (4): 635-664.

[27]THOMAS D.Like father like son, or, like mother like daughter: parental education and child health[J].Journal of Human Resources, 1994, 29 (4): 950-988.

[28]肖．经济发展中的金融深化[M]．王巍，等，译．上海：上海三联书店，1988.

[29]董彦岭．中小企业银行信贷融资研究[M]．北京：经济科学出版社，2005.

[30]杜晓山，等．中国小额信贷十年[M]．北京：社会科学文献出版社，2005.

[31]高国希．机会公平与政府责任[J]．上海财经大学学报，2006 (6) .

[32]韩雪萌．多点“进入”：农村迎来新型金融机构[N]．金融时报，2007-02-27 (2) .

[33]何广文，李莉莉．正规金融机构小额信贷运行机制及其绩效评价[M]．北京：中国财政经济出版社，2005.

[34]何文．农村社区建设与小额信贷扶贫[M]//杜晓山，等．中国小额信贷十年．北京：社会科学文献出版社，2005.

[35]霍桂林，郝金莲．对妇女可持续发展协会小额信贷的思考[M]//杜晓山，等．中国小额信贷十年．北京：社会科学文献出版社，2005.

[36]江其务，周好文．银行信贷管理[M]．北京：高等教育出版社，2004.

[37]姜旭朝，邓蕊．民营金融合法化：一个制度视角[J]．学习与探索，2005 (5) .

[38]焦瑾璞，杨骏．小额信贷和农村金融[M]．北京：中国金融出版社，2006.

[39]寇日明，陈雨露，孙永红，等．风险管理[M]．北京：中国金融出版社，2000.

[40]李晓美．准入机制的良性运转需要配套措施——中国农业大学经济管理学院教授何广文访谈[N]．金融时报，2007-02-15(11)．

[41]林毅夫．制度、技术与中国农业发展[M]．上海：上海三联书店，1994.

[42]麦金农．经济发展中的货币与资本[M]．卢聪，译．上海：上海三联书店，1988.

[43]吕飞杰．共同探求扶贫信贷资金的有效使用[M]//杜晓山，等．中国小额信贷十年．北京：社会科学文献出版社，2005.

[44]塞勒．金融研究方法论大全必备 [M]．金马，译．北京：清华大学出版社，2005.

[45]尤努斯．小额信贷：缓解贫困问题的一条重要途径——穆罕姆德·尤努斯教授在北京大学的演讲[J]．何国俊，徐冲，译．经济科学，2006(6)．

[46]世界银行．中国：推动公平的经济增长[M]．北京：清华大学出版社，1994.

[47]孙若梅．中国小额信贷的发展[M]//杜晓山，等．中国小额信贷十年．北京：社会科学文献出版社，2005.

[48]孙若梅．小额信贷与农民收入[M]．北京：中国经济出版社，2006.

[49]唐双宁．外资银行现场检查手册[M]．北京：中国金融出版社，2003.

[50]王曙光．农村金融改革30年历程与基本经验[J]．中国金融，2008(9)．

[51]王曙光．农信社改革30年：历史进程、基本争议和未来趋势[N]．中国经济时报，2008-05-12.

[52]武建平．关于农业银行到户扶贫贷款的调查与思考[M]//杜晓山，等．中国小额信贷十年．北京：社会科学文献出版社，2005.

[53]谢平，徐忠，沈明高．农村信用社改革绩效评价[J]．金融研究，2006（1）．

[54]谢毅．民间金融发展现状与理论思考[J]．湖南财经高等专科学校学报，2005（5）．

[55]盐池小额信贷服务中心．爱德盐池县小额信贷发展历程[M]．//杜晓山，等．中国小额信贷十年．北京：社会科学文献出版社，2005.

[56]杨顺成．中国小额信贷模式选择的理性思考[M]//杜晓山，等．中国小额信贷十年．北京：社会科学文献出版社，2005.

[57]杨秀娥．联合国人口基金木兰县妇女小额信贷[M]//杜晓山，等．中国小额信贷十年．北京：社会科学文献出版社，2005.

[58]凯德．银行风险管理[M]．王松奇，张云峰，等，译．北京：中国金融出版社，2004.

[59]俞建国．中国中小企业融资[M]．北京：中国统计出版社，2004.

[60]臧景范．中小企业信贷融资机构存在的问题及建议[J]．中国金融，2005（1）．

[61]张承惠．非公有制资本应当成为推动中国金融发展的主力军[J]．中国金融，2005（15）．

[62]张京霞．创新机制务实推进，充分发挥妇女小额担保贷款政策效应[J]．中国妇运，2010（8）．

[63]章彰．商业银行信用风险管理——兼论巴塞尔新资本协议[M]．北京：中国人民大学出版社，2002.

[64]中华人民共和国国家统计局．中国统计年鉴 2004[M]．北京：中国统计出版社，2005.

[65]周小川．关于农村金融改革的几点思考[J]．经济学动态，2004（8）．

[66]周学仁．易县扶贫经济合作社[M]//杜晓山，等．中国小额

信贷十年．北京：社会科学文献出版社，2005.

[67]周迎庆．云南省师宗县妇联实施小额信贷扶贫[M]//杜晓山，等．中国小额信贷十年．北京：社会科学文献出版社，2005.

[68]周忠明．小额信贷的风险控制[M]//杜晓山，等．中国小额信贷十年．北京：社会科学文献出版社，2005.

[69]朱有奎，赖检发．小额信贷扶贫面临的挑战与对策[M]//杜晓山，等．中国小额信贷十年．北京：社会科学文献出版社，2005.

[70]庄毓敏．商业银行业务与经营[M].北京：中国人民大学出版社，1999.

[71]唐红娟，李树杰．标准小额信贷：理论、问题与对策[J].乡镇经济，2008(7).

附录1　关于完善小额担保贷款财政贴息政策推动妇女创业就业工作的通知

财政部　人力资源和社会保障部　中国人民银行　中华全国妇女联合会
关于完善小额担保贷款财政贴息政策推动妇女创业就业工作的通知

财金〔2009〕72号

各省、自治区、直辖市、计划单列市财政厅（局）、人力资源和社会保障（人事、劳动保障）厅（局）、妇联，财政部驻各省、自治区、直辖市、计划单列市财政监察专员办事处，中国人民银行上海总部，各分行，营业管理部，省会（首府）城市中心支行，大连、青岛、宁波、厦门、深圳中心支行，各国有商业银行、股份制商业银行、中国邮政储蓄银行：

为深入贯彻落实党的十七届三中全会和中央农村工作会议精神，加快实施扩大就业发展战略，进一步完善下岗失业人员小额担保贷款（以下简称小额担保贷款）财政贴息政策，保障妇女发展权利，做好妇女创业就业工作，经国务院同意，现就有关事项通知如下：

一、对符合现行小额担保贷款申请人条件的城镇妇女，小额担保贷款经办金融机构（以下简称经办金融机构）新发放的个人小额担保贷款最高额度为8万元，还款方式和计、结息方式由借贷双方商定。对符合条件的妇女合伙经营和组织起来就业的，经办金融机构可将人均最高贷款额度提高至10万元。农村妇女贷款额度参照城镇妇女执行，申请人具体条件由各省（自治区、直辖市）财政部门、人力资源社会保障部门、中国人民银行分支机构、妇联组织共同确定。

二、自2009年1月1日起，经办金融机构对符合条件的城镇和农村妇女新发放的微利项目小额担保贷款，由中央财政据实全额贴息（不含东部七省市），展期逾期不贴息。东部七省市贴息资金由地方财政预算安排。本通知印发之日前已经发放、尚未还清的贷款，已结息部分不作追溯调整。

三、妇联组织要充分发挥贴近基层、贴近妇女、贴近家庭的优势，做好农村妇女申请小额担保贷款登记服务，协助经办担保机构和金融机构做好个人资信评估、贷款发放和回收工作，切实防范和控制贷款风险。对妇联组织推荐的借款人，财政部门和人力资源社会保障部门要督促经办担保机构和金融机构简化程序，缩短审批时间，尽快办理担保和贷款发放手续。经办担保机构原则上不要求借款人提供反担保。

四、农村妇女按照自愿原则向当地妇联组织申请小额担保贷款，并经人力资源社会保障部门审核。妇联组织应对借款人申请进行调查，深入了解借款人的生产生活状况，对借款人的贷款需求和信用状况进行评估，按照审慎原则出具贷款推荐意见。对符合条件的借款人，妇联组织应及时提交经办担保机构和金融机构审核。

五、各地人力资源社会保障部门要在现有社区劳动保障平台的基础上，积极探索发挥妇联组织在促进城镇妇女小额担保贷款发放中的作用，进一步做好城镇失业妇女申请小额担保贷款登记服务工作。城镇妇女可以向当地妇联组织申请小额担保贷款，并经人力资源社会保障部门审核。

六、妇联组织要配合人力资源社会保障部门、经办担保机构和金融机构，做好贷前服务、贷中管理和贷后核查工作。加大创业就业妇女培训力度，指导妇女选择合适的创业项目，跟踪项目实施，做到家庭情况清、贷款项目清、贷款数额清、还贷能力清，积极帮助解决承贷妇女困难，切实增强妇女创业就业和增收致富能力。

七、各地财政部门、人力资源社会保障部门、中国人民银行分支机构要高度重视妇女小额担保贷款工作，切实利用妇联组织的组织优势、宣传优势和载体优势，落实好小额担保贷款政策，做好妇女创业就业工作。各级财政部门要对当地妇联组织开展小额担保贷款工作给予经费保障。

八、对基础管理工作扎实、贷款管理工作尽职、小额担保推荐贷款回收率高的妇联组织，纳入现行小额担保贷款奖励机制，由省级财政部门会同人力资源社会保障部门、中国人民银行分支机构、妇联组织等确定考核和奖励标准。奖励资金用于地方各级妇联组织的工作经费补助。

九、各地财政部门、人力资源社会保障部门、中国人民银行分支机构、妇联组织要加强部门沟通协作，建立基层妇联组织小额担保贷款工作联动机制。省级妇联组织要加强对基层妇联组织的考核管理，及时总结地方各级妇联组织开展小额担保贷款工作的好经验、好做法，逐步建立和完善有效的激励约束机制。

请各地财政部门联合当地人力资源社会保障部门、中国人民银行分支机构将本通知速转发至行政区域内相关金融机构。

财政部
人力资源和社会保障部
中国人民银行
中华全国妇女联合会
二〇〇九年七月二十七日

附录2　甘肃省妇女小额担保贷款工作实施方案

甘肃省妇女联合会　甘肃省财政厅　甘肃省人力资源和社会保障厅
中国人民银行兰州中心支行关于下发《甘肃省妇女小额担保贷款工作实施方案》的通知

甘妇发〔2009〕97号

各市州妇联，财政局，人事局，劳动和社会保障局，人民银行各市州中心支行：

现将《甘肃省妇女小额担保贷款工作实施方案》下发各市、自治州相关部门，请遵照执行。

二〇〇九年十月二十日

甘肃省妇女小额担保贷款工作实施方案

为保障妇女发展权利，推动妇女创业就业，认真做好妇女小额担保贷款工作，根据财政部、人力资源和社会保障部、中国人民银行、中华全国妇女联合会《关于完善小额担保贷款财政贴息政策推动妇女创业就业工作的通知》（财金〔2009〕72号）精神，结合我省实际，特制定本实施方案。

一、指导思想

以党的十七大精神为指导，以科学发展观为统领，以构建和谐社会为目标，以推动妇女创业就业为重点，紧紧围绕“保增长、保民生、保稳定”工作大局，充分发挥相关部门的职能作用，切实加大小额担保贷款财政贴息政策落实力度，全面推动妇女小额担保贷款工作，促进以创业带动就业，为我省经济社会平稳较快发展作出积极贡献。

二、总体目标

帮助符合小额担保贷款条件的城乡妇女申请小额担保贷款，落实小额担保贷款财政贴息政策，解决妇女创业就业发展的资金困难，力争用3~5年的时间，累计直接扶持、间接带动20万妇女创业就业，发放贷款总量达到10亿元以上。

三、主要内容

（一）小额担保贷款对象。有本省户口，有固定住所，符合法定劳动年龄，身体健康，具有完全民事行为能力，拟从事的创业就业项目符合国家政策规定，诚实守信，有一定偿还能力的城乡创业妇女。

（二）小额贷款担保主体。省就业促进中心及其他各级小额贷款担保机构应坚持城乡统筹的原则，积极承担全省妇女小额担保贷款业务。各级财政部门要根据小额担保贷款业务开展需要，积极筹措担保基金。省财政每年采取“以奖代补”的方式，对工作成效好的市州予以担保基金支持。

（三）贷款担保。妇女小额担保贷款工作按照国家和省上有关规定执行。经办程序按照省就业促进中心及其他各级担保机构的要求办理，由妇联组织推荐的借款人，原则上不要求提供反担保。对贷款额度较低（5万元以内）、期限较短（2年以内）、有较强创业能力和较好创业项目、无不良信用记录、被相关银行录入信用评估档案的城乡妇女，应进一步简化程序，由当地妇联和乡镇、街道及社区出具相关证明，担保机构原则上不要求借款人提供反担保。

（四）经办金融机构。各地可结合实际，确定本地区妇女小额担保贷款业务经办银行。特别要发挥各级农村信用联社的作用，加强协调配合，推动工作开展。

（五）贷款额度。对符合小额担保贷款申请人条件的城乡妇女，经办银行新发放的个人小额担保贷款最高额度为8万元，还款方式和计、结息方式由借贷双方商定。对符合条件的妇女合伙经营和组织起来就业的，经办银行可将人均最高贷款额度提高至10万元。

（六）贷款期限。小额担保贷款期限一般不超过3年。创业成功、按期足额偿还贷款且诚信度高的借款妇女和吸纳就业人员多、按期还款、有偿还能力的劳动密集型小企业，可再次申请贷款。

（七）贷款利率。贷款利率按照银发〔2008〕238号文件执行，即：妇女小额担保贷款利率可在中国人民银行公布的贷款基准利率的基础上上浮3个百分点，其中微利项目增加的利息由中央财政全额负担；所有小额担保贷款在贷款合同有效期内如遇基准利率调整，均按贷款合同签订日约定的贷款利率执行。

（八）贴息贷款。妇女个人微利项目小额担保贷款财政贴息资金由中央财政据实全额负担（展期逾期不贴息）。省级财政按规定向市州财政预拨贴息资金；经办银行按季向市州财政申请贴息资金，市州财政受到经办银行申请后审核拨付贴息资金。贴息资金管理参照财金〔2008〕100号文件执行。

（九）贷款流程。按照个人自愿申请、妇联（社区）推荐、人力资源和社会保障相关部门审查、担保机构承诺担保、商业银行审核放贷的程序进行。妇女可就近向县市区妇联或所在社区提交贷款申请。妇联组织或社区对借款人申请进行初步审核，并提交人力资源和社会保障相关部门，审核通过后，推荐至担保机构和银行复核并办理贷款手续。

四、保障措施

（一）建立和完善领导小组工作机制。建立各级妇女小额担保贷款工作领导小组，加强领导，落实责任，推动试点工作全面开展。领导小组下设办公室，负责妇女小额担保贷款工作的日常管理与服务。

（二）建立和完善工作经费支持机制。省级及各市州、县市区财政应根据妇女小额担保贷款工作发展需要，每年支持同级妇联组织一定数额的妇女小额担保贷款工作经费，以保证工作的正常开支。

（三）建立和完善试点辐射带动机制。省级及各市州、县市区可从当地实际出发，确定本地区妇女小额担保贷款工作试点县或试点乡村，分级抓点、探索模式，积累经验、先行示范，辐射带动、全面推广，为全省妇女小额担保贷款工作顺利开展奠定基础。

（四）建立和完善妇女信用评估机制。以各经办银行的信用评估体系为基础，建立由各级妇联参加的妇女信用评定协会，充分发挥信用评定协会的作用，不断提高城乡妇女诚信意识，逐步完善金融机构的信用评级制度、贷款管理制度和风险规避制度，降低反担保门槛，最终取消反担保。同时，建立城乡妇女信用评估档案，实施对妇女信用等级的动态管理，为建立和完善城乡信用体系创造条件。

（五）建立和落实工作奖励机制。将妇女小额担保贷款活动纳入现行小额担保贷款奖励机制。对基础服务工作扎实、贷款管理工作尽职、小额担保推荐贷款回收率达到95%以上的基层妇联组织，按照《甘肃省人民政府办公厅批转省劳动保障厅等部门关于进一步促进以全民创业带动就业工作意见的通知》（甘政办发〔2008〕182号）有关规定给予奖励。

（六）建立和完善目标管理机制。建立妇女小额担保贷款工作目标管理责任制，进一步优化管理层级，合理确定任务，明确职责，责任到人。同时，加强监督、检查与评估，努力形成合理有效的管理制度和运行机制。

五、工作要求

（一）提高认识，加强领导。各地要高度重视妇女小额担保贷款工作，将其作为促进妇女创业就业，维护社会稳定大局的重要工作来抓，切实加强沟通与协调，各司其职，各负其责，真正使之成为惠及广大城乡妇女，推动甘肃经济发展的重要载体。

（二）密切配合，规范运作。推动建立政府主导、妇联配合、多方协作、共同推进的长效工作机制。财政部门要保证贴息资金按规定及时拨付到位和专款专用，并加强监督管理，为妇联开展工作提供必要的经费保障；人力资源和社会保障部门要及时高效做好申贷妇女的登记审核工作；各级妇联要配合人力资源和社会保障部门、经办银行和担保机构，做好贷前服务、贷中管理、贷后核查和业务指导等各项工作，并做到家庭情况清、贷款项目清、贷款数额清、还贷能力清，积极帮助解决承贷妇女实际困难，保证使承贷妇女还贷率达到95%以上。

（三）强化服务，保证质量。各有关部门要进一步加大贴息政策、贷款要求、贷款流程的宣传普及和相关知识、技能的综合培训力度，进一步提高相关工作人员的业务水平，提高城乡妇女对金融政策、信贷知识和实用技能的知晓率、利用率，认真落实贷前、贷中、贷后的各项管理措施和管理制度，及时解决工作运行中存在的问题，不断提高我省妇女小额担保贷款工作的质量和收益。

（四）创新发展，务求实效。在遵循相关法律、政策的前提下，不断创新生产发展方式、运行管理方式和风险防范方式，引导和鼓励企业家、致富带头人及各类专业合作组织，发展“基地+农户”、“公司+农户”、“专业合作组织+农户”、“协会+农户”等多种合作经营模式，有效提高贷款妇女参与发展的组织化程度和抵御市场风险、融资风险的能力，提高信贷资金使用效益，努力创建有甘肃特色的妇女小额担保贷款管理运行机制，为促进妇女创业就业，构建和谐社会作出积极贡献。

附录3　关于规范妇女小额担保贷款财政贴息资金管理有关问题的通知

甘肃省财政厅　甘肃省人力资源和社会保障厅中国人民银行兰州中心支行　甘肃省妇女联合会关于规范妇女小额担保贷款财政贴息资金管理有关问题的通知

甘财社〔2010〕6号

各市（州）财政局、劳动和社会保障局、人民银行各市（州）中心支行、各市（州）妇联、各有关银行业金融机构：

为推动妇女创业就业，认真做好妇女小额担保贷款工作，根据《财政部　中国人民银行人力资源社会保障部关于印发〈小额担保贷款财政贴息资金管理办法〉的通知》（财金〔2008〕100号）和《省妇联　省财政厅　省人力资源和社会保障厅　中国人民银行兰州中心支行关于下发〈甘肃省妇女小额担保贷款工作实施方案〉的通知》（甘妇发〔2009〕97号）精神，现就规范妇女小额担保贷款财政贴息资金管理的有关问题通知如下：

一、申请贴息资金的条件

本通知所称的妇女小额担保贷款是指符合财金〔2008〕100号和甘

妇发〔2009〕97号文件规定，由指定担保机构担保、经办银行发放的妇女小额担保贷款。指定的担保机构，是指按照《下岗失业人员小额担保贷款管理办法》（银发〔2002〕394号）的规定，受托运作小额贷款担保基金的担保机构。经办银行，是指与担保机构签订合作协议的国有独资商业银行、股份制商业银行、城市商业银行、城乡信用社等金融机构。妇女小额担保贷款财政贴息资金（以下简称贴息资金），是指国家对符合规定条件的妇女小额担保贷款借款人用于从事微利项目的小额担保贷款给予的财政贴息资金。

二、贴息资金的审核和拨付

（一）经办银行按照国家财务会计制度和小额担保贷款政策有关规定，计算微利项目妇女小额担保贷款应贴息金额。计算贴息的时间按照经办银行贷款的结息时间确定。

（二）经办银行按季向财政部门申请贴息资金。每季度结息日后5个工作日内，市县（区）级经办银行将贴息资金申请和明细表报送同级财政部门，并附微利项目贷款计收利息清单。贴息资金申请应包括妇女小额担保贷款发生额、季初余额、季末余额、贷款发生笔数、申请贴息资金额等内容。明细表包括每笔贷款的项目名称、贷款金额、发放时间、期限、借款人名称和户籍所在地等内容。

（三）市县（区）级财政部门收到经办银行申请后的5个工作日内审核拨付贴息资金，同时将贴息资金的拨付使用情况由市级财政部门汇总后上报省级财政部门和专用办备案。全年所需的妇女小额担保贷款贴息资金，在中央财政贴息资金未下达或存在缺口的情况下，由同级财政部门预先垫付，年终由省、市级财政部门进行清算。

（四）年度终了后20日内，市县（区）经办银行将上一年度贴息资金申领汇总情况及明细表报送同级财政部门；担保机构将按经办银行分类汇总的妇女小额贷款担保发放情况表报至同级财政部门审核清算。妇女小额贷款担保发放情况表包括每笔贷款担保的项目名称、贷款金额、担保金额、发放时间、期限、借款人名称和户籍所在地等内容。

（五）市县（区）级财政部门收到经办银行和担保机构的材料后，

在10个工作日内对有关情况进行审核出具意见，并附经办银行和担保机构材料，由市级财政部门汇总后报省级财政部门和专员办。

（六）省级财政部门和专员办对市级财政部门报送的材料进行审核出具意见，在年度终了后2个月内进行清算，并编制贴息资金年度决算报财政部审核清算。

三、监督管理和责任

（一）妇联组织要对借款人申请进行初步审核，符合条件的予以推荐，并提交人力资源社会保障部门审核通过后，担保机构积极做好对借款人的担保服务工作，对担保的贷款项目、贷款金额、发放时间、期限、利率等进行认真核对和确认，并对贷款项目是否属于贴息项目进行审核。

（二）经办银行应认真履行以下职责：

1. 对微利贴息项目进行审核；

2. 对贴息贷款的使用方向进行监督，确保贴息贷款用于微利项目；

3. 单独设置贴息贷款业务台账，妥善保管贷款合同及相关业务凭证，配合有关部门检查；

4. 认真做好贷款贴息的审核、申报工作；

5. 根据有关规定需要履行的其他职责。

（三）财政部门应认真履行以下职责：

1. 指导辖区内贷款贴息的申请、审核工作；

2. 做好与有关部门及经办银行的协调、配合工作；

3. 按有关规定认真审核贴息申请，及时拨付贴息资金，提高贴息资金使用效率；

4. 加强对贴息资金的监督与管理，保证贴息资金专款专用；

定期或不定期检查贴息资金使用情况，及时处理和反映工作中存在的问题，确保贴息政策落到实处；

5. 根据规定需要履行的其他职责。

（四）借款人提供虚假证明材料，妇联组织、人力资源社会保障部门和经办银行等有关机构未能认真履行审核职责，导致骗取财政贴息资金的，由妇联组织、人力资源社会保障部门和经办银行等机构按各自的职责承担责任，并共同负责追回贴息资金，登记借款人的不良信用记录。

（五）对经办银行违反贴息管理规定，虚报贴息申请的，财政部门不予贴息，已享受贴息的，财政部门应追回贴息资金，同时按国家有关规定进行处罚，并通过媒体予以曝光。

二〇一〇年一月十五日

附录4　关于进一步规范妇女小额担保贷款推动创业促就业的通知

甘肃省人力资源和社会保障厅　甘肃省妇女联合会关于进一步规范妇女小额担保贷款推动创业促就业的通知

甘人社通〔2010〕104号

各市州人力资源社会保障局（劳动保障局）、妇联、就业服务局、担保中心：

为了进一步规范妇女小额担保贷款工作，推动妇女创业就业，按照《小额担保贷款财政贴息资金管理办法》（财金〔2008〕100号）、《关于完善小额担保贷款财政贴息政策推动妇女创业就业工作的通知》（财金〔2009〕72号）、《省政府关于进一步做好促进就业工作的通知》（甘政发〔2008〕56号）及省妇联、省财政厅、省人力资源和社会保障厅、中国人民银行兰州中心支行《关于下发甘肃省妇女小额担保贷款工作实施方案的通知》（甘妇发〔2009〕97号）精神，现就有关事项通知如下。

一、贷款对象

具有固定住所，符合法定劳动年龄，身体健康，具有完全民事行为能力，诚实守信，有贷款偿还能力的城乡妇女。

二、贷款额度

城乡妇女个人贷款，具备贷款条件，可以申请贷款最高不超过 8 万元。

对符合条件的城乡妇女合伙经营或组织起来就业的，可将人均最高贷款额度提高至 10 万元。

三、贷款期限与贴息

贷款期限一般不超过 3 年。

符合贴息条件的按照现行小额担保贷款政策规定给予贴息。

四、贷款程序

1. 城镇户籍妇女申请贷款应持有本人再就业优惠证或就业失业登记证，按照现行渠道，继续由各级下岗失业人员小额贷款信用担保中心负责办理。

具体程序为，个人自愿申请、社区推荐、人力资源社会保障机构审查、担保机构审核担保、经办银行审核发放贷款。

2. 农村户籍妇女申请贷款应经各级妇联组织初审，然后推荐到各级下岗失业人员小额贷款信用担保中心。经各级妇联组织初审通过的，须持妇联组织出具的初审证明。

具体程序为，个人自愿申请、妇联推荐、担保机构审核担保、经办银行审核发放贷款。

五、贷款担保

城镇妇女小额贷款担保方式按照各级下岗失业人员小额贷款信用担保中心有关规定执行。

农村妇女申请小额担保贷款，除妇联组织出具初审证明外，由妇联与经办银行共同协商确定反担保方式。

六、小企业贷款

有关城乡妇女创办的小企业申请小企业贷款按照现行小企业贷款规定执行。

七、贷后管理

城镇妇女持有再就业优惠证或就业失业登记证申请的贷款，由人力资源社会保障部门和担保机构配合经办银行做好到期贷款的回收工作。

农村妇女申请的贷款，由各级妇联组织配合经办银行做好到期贷款的回收工作。

八、贷款统计

各市州人力资源社会保障部门或担保机构每月按时将《失业人员小额担保贷款发放情况（一、二）》上报到省就业促进中心。人力资源社会保障部门、担保机构要和妇联组织、经办银行及时沟通信息，确保统计数据的真实性、准确性和一致性，并做好贴息资金的审核、上报工作。

九、妇女小额担保贷款具体工作按照我省已经发布的有关小额担保贷款的相关规定执行，凡与本《通知》相抵触的有关内容，以本《通知》为准

二〇一〇年五月二十四日

附录5 因地制宜 积极探索 推动妇女小额担保贷款工作实现大发展[①]

甘肃省妇女小额担保贷款工作自2009年10月启动以来，在陈至立副委员长、全国妇联和国家相关部委的关心支持下，在全省各级党委、政府的高度重视和各有关部门的合理推动下，实现了快速发展。截至2011年4月底，全省已累计发放妇女小额担保贷款78.5亿元，扶持19.9万城乡妇女创业就业，其中农村妇女受惠71.7亿元，占91.3%；已落实中央财政贴息2 026万元，2010年发放的55.29亿元贷款贴息1.82亿元已经财政部驻甘专员处审核通过并上报财政部；2009年贷出的5亿元目前到期1.3亿元，已全部按期足额还款，换贷率达到100%。甘肃省小额担保贷款累计发放量从2009年的全国第13位跃升到目前的第3位，2010年当年新增发放量居全国第一。

一、主要做法

近两年来，甘肃省紧紧抓住作为全国妇女小额担保贷款试点省份的机遇，积极探索，扎实工作，推动全省妇女小额担保贷款工作取得了重大进展。

---

① 本文作者为时任甘肃省人民政府副省长张晓兰，发表于《中国妇运》2011年第7期。——编者著

（一）以“贷得出”为目标，强化责任抓落实

一是健全机构，凝聚合力。省里成立了由分管副省长任组长，省妇联牵头负责，省财政、人社、农牧、人民银行、政府金融办、农信社等部门负责同志为成员的省妇女小额担保贷款试点工作领导小组。各市州、县市区也建立了相应的组织机构，为推进工作提供了强有力的组织保证。

二是细化政策，优化环境。甘肃省以“一事一议”的方式扩大了妇女小额贷款担保机构范围，解决了担保机构范围过窄、放贷规模受限的问题。省试点工作领导小组成员单位相继制定出台了关于规范管理妇女小额担保贷款财政贴息资金和工作体系流程，提高担保基金存贷比和规范使用小额担保贷款奖补资金等 4 个政策性文件，为省妇女小额担保贷款工作的有序推进和持续发展奠定了政策体制基础。

三是抓好试点，推广经验。根据各地经济发展状况，甘肃省确定了 12 个试点区县，以提高党政一把手的思想认识为突破口，定目标、提要求，求突破、创经验，以点带面，扩大示范带动效应。同时，大力总结推广武威市凉州区妇女小额担保贷款“一把手”工程、“一站式”服务和“六集中”（集中申报、集中评议、集中核查、集中审批、集中办理、集中公示）做法，提高了全省妇女小额担保贷款的发放量，扩大了政策覆盖面。

四是部门协作，推动落实。甘肃省妇联充分发挥牵头作用，主动作为，积极承担了政策宣传、调查审核、信用评级、教育培训和贴息审核等工作；省财政厅积极调度资金，千方百计补充担保资金、预借贴息资金，仅 2010 年就补充担保基金 4.7 亿元，预借贴息 2 000 余万元；省人社厅大力加强担保机构建设与规范化管理，使全省承担妇女小额担保贷款业务的担保机构由 54 家增加到 94 家；省农牧厅将培训资源向贷款妇女倾斜，牵头制定了贷款妇女创业与技能培训工作方案；省政府金融办、人行兰州中心支行制定了支持妇女创业的意见，建立了妇女小额担保贷款统计指标体系，提高了金融机构参与妇女小额担保贷款业务的信贷规模；省农信社等经办金融机构设立专门服务窗口，积极承担贷款的审核、发放、贴息申请及业务指导等工作，简化程序，力促实现农村妇

女、农信社“双赢”目标。

五是降低门槛，惠及妇女。甘肃省充分发挥政府的主导作用和地方金融机构的优势，引导和鼓励各级担保及金融机构，结合群众信用状况和征信系统建设，通过采用信用担保、联户担保、抵押质押以及取消反担保等方式，有效降低了农村妇女申请贷款的反担保门槛，使近80%的农村贷款妇女受益。

（二）以“用得好”为重点，规范实施抓管理

一是把妇女小额担保贷款与创业技能培训相结合。甘肃省把加强贷款妇女的使用技能与创业培训作为确保贷款发挥效益的重要措施来抓，及时起草、下发小额担保贷款妇女实用技能与创业培训工作方案，将其纳入“阳关工程”和农民创业培训工程，提出了每年完成技能培训2万名、创业培训1千名妇女的工作目标，明确了工作保障机制，力争在农村贷款妇女中培养一批创业致富带头人和创业发展领军人才。

二是把妇女小额担保贷款与农业产业化发展相结合。各级政府把妇女小额担保贷款工作放到农业产业化和特色优势产业发展中来谋划，不断加大对贷款妇女的政策引导和技术、资金扶持力度，有效整合农业综合开发、蔬菜产业扶持、牛羊大县建设等项目资金，集中解决连片贷款户发展的基础设施配套问题，帮助贷款妇女用“小贷款”成就“大项目”，使广大农村妇女真正成为推动农业产业化发展的生力军。

三是把妇女小额担保贷款与落实工作责任制相结合。建立了一整套工作制度和考核监督机制，将妇女小额担保贷款工作纳入政府工作年度考核责任制，层层签订目标责任书，加强检查验收，对成绩突出的单位和个人予以奖励；对工作落实不力、未完成任务的实行一票否决，坚决杜绝贷款使用过程中的挪用、冒用和不用现象，确保每一笔贷款都真正用于有市场、有效益、有前景的创业项目和政府主导的现代农业、生态农业项目，以及特色旅游、农产品加工等二三产业。

四是把妇女小额担保贷款与转变政府职能相结合。不断强化政府的服务职能，积极建立和落实贷后回访和跟踪服务制度，着力改善基础设施条件，提供技术支撑、拓宽信息平台和销售渠道，切实当好贷款妇女创业发展的“助推器”、“加油站”和“守护神”，进一步落实农技、卫

生、工商、环保、交通、商贸、气象等部门的职责，及时给予技术、信息、项目和资金的扶持与服务，使贷款妇女的创业成功率达到 90%以上。

（三）以“还得上”为根本，完善机制抓创新

一是强化诚信教育，规避道德风险。坚持把农村妇女诚信教育纳入教育培训总体规划和“阳光工程”、“雨露计划”及“农村现代远程教育”等培训课程，作为农村妇女学校、妇女之家活动的主要内容，着力增强广大贷款妇女的信用意识和还贷责任。同时，采取巡回宣讲、媒体专访、送手机短信、印发宣传单等方式教育引导群众，树立诚信还贷、踊跃还贷的自觉意识，推动农村社会信用体系建设。

二是引入商业运作，防范自然和市场风险。积极探索农村妇女小额担保贷款与商业保险的有机结合，引导各商业保险机构开发相关产品，动员贷款妇女出资购买与自己的创业项目有关的农财险和人身意外伤害险，努力把贷款的自然风险、市场风险降到最低，促使贷款妇女、担保机构和金融机构最大限度地发挥贷款的综合效应，实现互利双赢、互促共进。目前，仅武威市获得小额担保贷款支持的 5.6 万农村妇女中，就有 90%以上购买了农财险和人身意外伤害险。

三是加强制度建设，降低金融风险。在集中连片贷款区尝试建立妇女小额担保贷款公示制度、信用评定制度和还款承诺制度，大力开展贷款效用评估、公示活动、金融机构信用评定活动和贷款户践诺还款活动等，逐步建立小额担保贷款还款监督约束和帮助机制，对项目经营不善、项目中止或贷款挪作他用的，及时中止协议，收回贷款，有效降低金融风险。

四是落实连带责任，构筑工作防线。在乡、村两级建立贷款追偿责任制度，落实乡、村干部工作责任和风险防范责任，采取“谁审批签字，谁负责回收”的终身责任制。同时，要求乡镇领导、包村干部和村干部按照农户贷款额度的一定比例缴纳风险抵押金，实行连带责任。对审核把关不严或项目服务支持不力，导致贷款无法收回或发生重大损失的，追究乡镇领导的责任。对利用审核权力吃、拿、卡、要，破坏贷款发放和回收工作的村社干部，一经发现，就地免职。

二、工作成效

妇女小额担保贷款工作利国利民，得到了广大人民群众的衷心拥护和交口称赞。它为转变农业发展方式，提高农村妇女经济地位和社会地位，维护农村社会和谐稳定发挥了积极的作用，也为甘肃省经济社会实现跨越式发展目标提供了有力支撑。

一是促进了经济发展方式的转变。妇女小额担保贷款是甘肃省各级党委政府引导农民发展地方特色优势产业、现代设施农业和高效节水农业的有力抓手，对促进农村经济结构调整、发展方式转变，农业增效、农民增收、农村和谐稳定，推进生态文明建设和可持续发展战略，走生产发展、生活富裕、生态良好的文明发展道路具有积极的意义。例如武威市 2010 年共发放妇女小额担保贷款 20.63 亿元，形成多级杠杆效应，当年开工建设设施农业 8.08 万亩，相当于前四年总和的 80%，创造农业产值 31.5 亿元，为农民创造直接收益 23.1 亿元，人均增收 1 828 元，占农民人均纯收入的 40.2%，在加快石羊河流域重点治理目标实现的同时，促进了现代农业发展，增加了农民收入，带动了建筑、物流、农产品加工等行业的发展。

二是提高妇女的经济和社会地位。妇女小额担保贷款使妇女成为贷款主体，拥有了生产自主权、决策权以及家庭与社会生活的话语权，贷款妇女的创业热情空前高涨，自立自强的意识明显增强。贷款所带来的农业生产规模的扩大，还使大量农村外出务工男劳力回流，有效缓解了农村留守妇女、留守儿童等社会现象，不仅推动农村妇女成为农村经济发展的主力军，而且提高了农村妇女的经济社会地位，促进了农村和谐文明家庭建设，维护了农村社会稳定。

三是密切了党群、干群关系。妇女小额担保贷款工作是一项涉及面广、政策性强、工作要求高的惠民工程，对相关部门的政策水平、业务能力是一种检验，也对基层干部开展群众工作和金融工作的能力提出了明确要求。贷款的办理发放过程既是乡、村干部体察民情、了解民意，服务“三农”、服务发展的过程，也是转变作风、赢得信赖的过程。广大乡、村干部深入田间地头、农家院落，积极进行思想动员、调查摸底、土地调整和技术指导等，工作作风和工作方法有了很大改进。随着全省数十亿贴息贷款的发放，让广大农村群众充分享受到了这项惠民政策的好处，进一步密切了党群、干群关系，夯实了党的群众工作基础。

三、几点体会

妇女小额担保贷款工作是各级政府转变服务职能、拓展服务领域、创新服务方式的有效载体，更是党和政府推动发展、改善民生、造福百姓的成功实践。近两年的工作体会如下：

（一）党政领导的重视支持是打开工作局面的关键

省委省政府连续两年将此项工作写入省委 1 号文件、列入省政府年度主要工作任务。省委书记陆浩专题调研妇女小额担保贷款工作，两次作出重要批示，提出明确要求。省长刘伟平亲自研究部署和协调指导试点工作，主持召开现场会议。省委副书记鹿心社专题听取工作汇报，明确要求做好妇女小额担保贷款工作。各级党政把做好妇女小额担保贷款工作列入重要议事日程，已经形成了党政领导、妇联牵头、部门联动、合力推进的工作格局。

（二）相关部门的配合协作是实现工作良性运行的条件

针对工作推进过程中存在的渠道不畅、责任不清等问题，多次召开省领导小组及相关部门、市县负责人会议，通报情况、查找问题，分析原因、研究对策，落实责任、限时办结，推动武威、平凉等重点市及试点县妇女小额担保贷款工作取得重大突破，呈现出部门联动、合理推进、齐抓共管、狠抓落实的良好工作局面。

（三）妇联组织的积极作为是推动持续快速发展的基础

面对妇女小额担保贷款这一政策性、专业性很强的工作，省各级妇联化挑战为机遇，迎难而上、积极进取，在协调部门、提供服务等方面做了大量富有成效的工作，为推动金融支持“三农”、破解农村发展瓶颈、加快本省新农村建设步伐作出了积极的贡献。同时，这项工作还成为各级妇联组织、妇女干部参与经济金融管理、服务“三农”和经济社会发展大局的有效实践平台。

目前，甘肃省妇女小额担保贷款工作已进入放贷和还贷同步进行的周期，任务繁重，责任重大。甘肃省将以这次会议为契机，紧紧围绕全国妇联和甘肃省委省政府的统一部署，进一步优化思路，狠抓落实，以巩固成果、用好政策为基础，以确保贷款安全运行、有效运行为主线，以到期还款回收为重点，确保还贷率达到95%以上，争取2011年放贷总额累计达到100亿元，真正使这项惠及广大妇女的政策发挥最大的经济社会效益，为建设繁荣富裕文明的新农村，促进全省经济和社会跨越式发展作出新的更大的贡献！

附录6　妇联组织是推动妇女小额担保贷款工作的生力军[①]

财金〔2009〕72号文件下发以来，在全国妇联的精心指导和省委省政府的坚强领导下，我们把做好妇女小额担保贷款工作作为围绕中心，服务“三农”的有效载体，作为妇联组织参与社会管理和创新，建设“坚强阵地”、“温馨之家”的重要举措，作为关注民生，服务妇女，使妇女群众得实惠、普受惠、常受惠的有力抓手，把握机遇、主动作为，充分发挥群团组织职能优势，认真履行牵头协调职责，全力推动妇女小额担保贷款工作，取得了农民增收入、妇女增才干、社会增和谐的显著成效。

我们的主要做法是：

一、坚持“三个紧紧依靠”

一是紧紧依靠各级党政的坚强领导。我们把积极争取各级党政的重视支持作为取得工作突破的关键，注重谋划，及时汇报，以扎实的工作、主动的作为赢得党政的认可和信赖，使党政领导把这项工作切实放在心上，抓在手上。省委省政府主要领导对做好妇女小额担保贷款工作

① 本文作者为甘肃省妇联工作人员韩克茵，发表于《中国妇运》2011年第7期。——编者著

多次作出重要批示，并进行专题调研，安排部署工作开展；分管领导逢会必讲，亲自指导，督促相关部门出台政策，协调解决工作中遇到的问题，推动妇女小额担保贷款工作的顺利启动、成功试点、健康发展。省委省政府连续两年把妇女小额担保贷款工作写入省委一号文件，列入省政府年度主要工作任务，与全省中心工作同部署、同安排、同落实。省政府在保证省妇联原有工作经费的基础上，为省妇联新增经费3 000万元，专项用于妇女儿童事业的发展，其中仅妇女小额担保贷款专项工作经费就达280万元。各级党政切实提高认识，加强领导，把妇女小额担保贷款工作作为“一把手”工程，列入为民办实事内容，纳入重点产业发展规划和目标责任考核体系，为妇女小额担保贷款工作的持续推进提高了强有力的组织保证。

二是仅仅依靠相关部门的通力合作。我们把主动协调相关单位的通力合作作为取得工作突破的前提，健全机构，明确职责，完善政策畅通渠道，切实形成资源共享、密切协作、合力推进的部门联动机制。积极争取财政部为我省下发了《关于扩大妇女小额担保贷款经办担保机构范围的函》；财政部在驻甘专员办对我省妇女小额担保贷款工作加强业务指导，开通绿色通道，保证审核进度，落实贴息资金。协调省财政厅制定下发了《关于规范妇女小额担保贷款财政贴息资金管理有关问题的通知》和《甘肃省小额担保贷款奖补资金管理办法》，将我省妇女小额担保贷款贴息审核由年审改为半年审，以后逐步做到季度审。协调省人社厅制定下发了《关于进一步规范妇女小额担保贷款推动创业促就业的通知》，将妇女小额担保贷款工作纳入原有政策体系、工作体系和统计体系。协调省政府金融办、人行兰州中心支行在原有小额担保贷款统计指标体系的基础上，增设妇女贷款专项指标，为金融系统综合统计、分析全省妇女小额担保贷款工作提供了依据。协调省农信社向全省各行社下发了《关于适当提高担保基金的担保比例 进一步扩大妇女小额担保贷款覆盖面的通知》，以最大限度发挥担保基金的杠杆作用，提高农村妇女受益面。协调省农牧厅起草制定了《甘肃省小额担保贷款妇女技能与创业培训工作方案》，整合农业部门的培训资源，用“阳光工程”提高贷款妇女的创业发展能力。

三是紧紧依靠妇联组织的开拓创新。我们把倡导激励妇联组织的探索创新作为取得工作突破的动力，全面锻炼了一支懂政策、善协调、会服务的妇联干部队伍。省上先后11次组织召开推进会、培训会及现场会，层层举办妇女小额担保贷款工作培训班，促进各级妇联干部政策业务学习不断深入，管理服务能力不断提高，各级妇联干部创造性地理解运用政策，超常规地推动政策落实。组织动员市、县、乡、村四级2万多名基层妇干和女大学生村官，包乡包村，全程指导，积极承担贷款需求摸底、基层信息登记、创业项目审核、贷款资格审核和信用状况调查评级等大量艰苦细致的基础工作，帮助30多万名农村妇女填写360多万份表格及各种申请材料，指导、帮助农村妇女在短时间内获得贷款，真正成为妇女贷款的信息员、宣传员、调查员、服务员和监督员。我们还把妇女小额担保贷款工作融入党群共建、创先争优活动，通过完善“妇女之家”硬件设施，建立“妇女小额担保贷款”服务站，搭建起了推进妇女小额担保贷款工作的培训平台、交流平台和信息平台，千方百计满足农村妇女群众对妇联“娘家”多样化的需求，将家庭和睦、邻里互助等“美德在农家”内容作为取得贷款的重要前提，为妇联组织评选出的“好媳妇”、“好妻子”、“女能手”、女致富带头人优先申请贷款，优先提供政策咨询、技能培训、项目推介和创业指导，使农村妇女小额担保贷款工作与妇联组织开展的创先争优活动互促共进，共同发展。

二、落实“四个确保到位”

一是确保宣传发动到位。我们把宣传发动作为推动工作的重要基础，通过在主流媒体开设专题、村级阵地制作专栏、以会代训集中讲解、举行仪式集中放贷、组织干部进村入户、示范观摩以点带面等形式，广泛宣传妇女小额担保贷款政策，确保广大妇女吃透政策、用好政策，营造了妇女热情创业、竞相发展的浓厚氛围。目前，我省妇女小额担保贷款工作已覆盖全省13个市州、54个县市区。

二是确保教育培训到位。我们把诚信教育、“信用户”评定作为妇女小额担保贷款贷得出、用得好、还得上的关键环节，通过扎扎实实的诚信教育活动、夫妻承诺践诺活动、贷款公示活动和群众评议活动，积极防范道德风险，通过引导贷款妇女办理农业保险和借款人意外伤害保险等，有效防范自然风险和市场风险，通过完善制度和加强管理，主动防范操作风险。

三是确保调研督查到位。我们把调研督查作为推动工作的重要手段，深入基层、调查研究，发现问题，现场解决。由省妇联班子成员带队深入37个县市区分片调研、督导检查，发现典型，推广经验。通过一级带着一级干，一级干给一级看，在提高妇联组织和妇联干部想干事、会干事、干成事能力的同时，有效地推进了农村妇女小额担保贷款工作。

四是确保服务指导到位。我们把服务指导作为推动工作的重要环节，强化监督管理，提升服务水平，确保贷款规范有序运行。严把贷前审查审批关，摸清需求，选好项目。严把贷中监督管理关，做好回访和跟踪服务。严把贷后贴息申报关，及时汇总上报资料，随时了解贷款使用情况，确保还款率达到95%以上。目前，2009年妇女小额担保贷款放贷到期还款率达100%。

通过开展妇女小额担保贷款工作，我们找准了党政所急、妇女所需、妇联所能的切入点，抓住了围绕中心、参与社会管理和公共服务的突破点，夯实了服务大局、解决妇女群众最关心、最直接、最现实利益问题的落脚点。把妇女小额担保贷款工作做成了叫得响、干得实、有成效的妇联工作新品牌，实现了妇联工作由务虚向务实的转变，提升了妇联组织的影响力、凝聚力。实践证明，妇联组织是推动妇女小额担保贷款工作的生力军。

附录7　关于完善小额担保贷款财政贴息政策推动妇女创业就业工作的通知

江西省财政厅　江西省人力资源和社会保障厅　中国人民银行南昌中心支行　江西省妇女联合会　关于转发财政部人力资源和社会保障部中国人民银行　中华全国妇女联合会《关于完善小额担保贷款财政贴息政策推动妇女创业就业工作的通知》的通知

赣财社〔2009〕146号

各市、县（区）财政局、劳动和社会保障局（人事劳动和社会保障局）、妇女联合会，人民银行省内各市中心支行，各国有商业银行江西省分行，各股份制商业银行南昌分行，中国邮政储蓄银行江西省分行，省农村信用联社，省内各城市商业银行、城市信用社：

现将财政部、人力资源和社会保障部、中国人民银行、中华全国妇女联合会《关于完善小额担保贷款财政贴息政策推动妇女创业就业工作的通知》（财金〔2009〕72号）（以下简称《通知》）转发给你们，并结合我省实际，提出以下具体要求，请一并遵照执行。

一、做好与现行小额担保贷款扶持政策的衔接

中国人民银行南昌中心支行、江西省财政厅、江西省劳动和社会保

障厅《关于转发〈中国人民银行、财政部、人力资源和社会保障部关于进一步改进小额担保贷款管理积极推动创业促就业的通知〉的通知》（南银发〔2008〕212号）和江西省财政厅、中国人民银行南昌中心支行、江西省劳动和社会保障厅《关于印发〈江西省小额担保贷款财政贴息资金管理办法〉的通知》（赣财社〔2009〕15号），已对小额担保贷款扶持创业的范围、扶持对象、扶持期限、贷款额度、贴息办法、反担保措施等都作了明确规定。为维护现行政策的一致性，各地要依据上述两个文件规定，并结合扶持妇女创业政策的要求，进一步加大小额担保贷款扶持妇女创业工作的力度，做到应贷尽贷。对前景好、见效快、风险小、信誉好，带动就业在3人以上的创业项目（属微利项目），并符合现行小额担保贷款申请人条件的城镇妇女，个人贷款额度在现行政策规定的额度上可适当放宽，但最高不得超过8万元。农村妇女贷款额度参照城镇妇女执行，妇女创业申请其他扶持形式的贷款仍按现行政策规定办理。

二、进一步明确创业小额担保贷款申办程序

（一）对有创业愿望、创业能力和创业项目的城、乡妇女，并符合现行小额担保贷款申请条件的，在自主创业期间，因自筹资金不足，均可向创业项目所在地的妇联组织提出小额担保贷款申请，并填写全省统一规范的《小额担保贷款申请审批表》，经妇联组织审查有关资料后，符合小额担保贷款扶持条件的向同级小额贷款担保中心（以下简称担保中心）推荐。

（二）担保中心接到妇联组织的推荐后，逐笔进行调查审核，根据妇女创业贷款提供的反担保措施，合理确定担保方式和贷款额度。

1. 由担保中心提供担保的妇女创业贷款，按现行的贷款操作程序办理，妇联组织和担保中心共同做好贷前调查，严格杜绝发放不符合条件、没有项目（工商执照）、利用他人名义、有不良记录的小额担保贷款。

2. 担保中心不承担担保责任的妇女创业贷款，由担保中心签署意见向经办银行推荐，贷款发放后，妇联组织应协调经办银行和贷款人在贷

款发放后5个工作日内，按自行担保贷款收集贷款资料的要求，将贷款合同、借款凭证原件或复印件提交担保中心，作为贷款贴息凭证，要求做到资料、手续齐全。

（三）妇女创业贷款发放后，不论是担保中心担保的，还是不担保的，妇联组织要加强贷后管理，及时了解和掌握贷款人经营情况，帮助申贷妇女解决在创业过程中遇到的困难，总结妇女创业成功的经验和做法。

（四）对妇联组织推荐、担保中心担保的妇女创业贷款，贷款到期后由妇联组织负责回收，当逾期贷款超过贷款总量的2%以上，担保中心应暂停担保，待妇联组织完全清收后，担保中心再继续履行担保责任。

（五）对基础管理工作扎实、贷款管理工作尽职，经推荐（担保中心担保）的妇女创业贷款，回收率达98%的妇联组织，纳入现行统一的小额担保贷款奖励范围。

（六）认真做好妇女创业贷款的统计，全省统计报表将增设女性一栏，各级担保中心和妇联组织要将经双方核对后的贷款数据分别上报上一级管理机构，确保妇女创业贷款数据统计准确、无误。

三、切实防范和控制创业小额担保贷款风险

（一）不断完善反担保措施。各地要在坚持当前行之有效的反担保措施外，结合妇女创业的实际，积极摸索和完善新的反担保模式。要积极开展创建信用社区，未创建信用社区或不具备免除反担保资信评估条件的贷款不得免除反担保。申贷人有担保能力的可采取自行担保的方式，直接向经办银行申请小额贷款，符合条件的，按规定享受财政贴息。对确实难以落实反担保措施的，可采取女企业家协会会员“联合反担保”的方式担保，并经当地妇联组织调查核实后报同级担保中心审批，但贷款最高额度控制在5万元之内。

（二）充分发挥妇联组织的优势。妇联组织贴近基层、贴近妇女、贴近家庭，各地要切实发挥妇女组织的作用，帮助了解贷款人的创业项目、经营状况、贷款需求和信用等级，真正使妇女创业的每一笔贷款，

做到问题清、情况明，按照审慎的原则出具贷款推荐意见。

（三）提高扶持妇女创业的成功率。各地要组织对有创业愿望和具备创业条件的妇女进行创业培训，大力推行创业培训与开业指导、项目开发、小额贷款、税费减免、跟踪服务相结合的工作模式。积极开发投资少、见效快、风险小等适合妇女创业的项目，指导她们选择合适的创业项目。对参加创业培训和完成创业计划书，并经过专家论证通过的人员，在申请小额担保贷款时可适当降低反担保门槛。对经创业培训后获得小额担保贷款扶持的人员，各地妇联组织要指定专人负责，定期了解其经营状况，提供咨询服务，尽最大努力帮助解决创业中出现的问题。

四、形成相互配合、齐抓共管的工作格局

小额担保贷款扶持妇女创业，是一个系统工程、社会工程，需要有关部门形成工作合力。各级财政部门对同级妇联组织、担保中心开展小额担保贷款工作要给予经费保障。各级人民银行要指导各经办金融机构开办妇女创业小额担保贷款，开设承办业务窗口，为妇女创业贷款提供优质、高效的信贷服务。各级财政部门、担保中心、妇联组织、经办金融机构要通力合作、密切配合，按照各自的责任做好自己的工作，确保小额担保贷款扶持妇女创业“贷得出、用得好、收得回”，实现可持续发展。

二〇〇九年九月三十日

附录8　强机制，聚合力，求突破，全力推进小额担保贷款，促进妇女创业就业

在全国妇联的亲切关怀和指导下，在江西省委省政府的正确领导和相关部门的大力支持下，江西省妇女小额担保贷款工作率先在全国启动并强势推进，创造了城乡合一、三位一体、覆盖全省、具有江西特色的“运作模式”，为全省促进创业就业、保障和改善民生、服务经济社会发展，发挥了积极作用。2009 年 10 月至 2011 年 3 月底，全省共发放妇女小额担保贷款 16.97 亿元，直接扶持妇女创业 3.79 万人次，有效带动 11 万多名妇女就业，回收率达 100%，形成了“带得出、用得好、收得回、效果好”的良好格局。2010 年 10 月，全国妇联党组副书记、副主席孟晓驷来赣视察时，评价江西小额贷款工作做到了“四有”，即有思路、有特点、有创新、有突破。主要做法是：

（一）破解一道难题，即着力解决农村妇女申请小额担保贷款难的问题。2010 年，江西省在城镇广泛开展妇女创业小额担保贷款的基础上，将全年的工作重点转向农村。3 月初，省人力资源和社会保障厅、省妇联领导分别带队，有针对性地调研妇女小额担保贷款工作，了解和掌握有关情况。针对农村妇女自主创业过程中反映的小额贷款反担保条件过严、手续繁杂、门槛过高等问题，及时调整政策，省人力资源和社会保障厅、省妇联与省财政厅、省农村信用联社联合下发了《关于深入

推进农村妇女创业贷款工作的通知》（赣财社〔2010〕98号），使农村妇女小额担保贷款与小额农贷做到有机结合、有效对接，较好地解决了农村妇女申贷提供有效反担保难的问题。4月23日，省人力资源和社会保障厅、省妇联与省农村信用联社联合召开市、县会议，解决工作中具体操作层面的问题。

（二）创优两个环境。（1）党政重视支持的外部环境。省委省政府高度重视妇女小额担保贷款工作。2010年3月，省委领导在第666号《国内动态》上批示，要求省妇联进一步总结，不断扩展，提高妇女小额担保贷款工作。7月，省委领导又听取了省妇联的专题汇报，并就妇女小额担保贷款服务作出部署和指示。一是将小额担保贷款工作列入“民生工程”，纳入各级政府的考核指标范围，下达年度目标计划。各级政府分解任务时，都明确规定了妇女小额担保贷款应占的比例和份额。二是批准同意从全省小额担保贷款工作奖励资金中拿出1 000余万元，购置车辆109辆，统一喷上“创业贷款”字样和“江西省小额担保贷款”形象标志，专门用于开展小额担保贷款的贷前调查、贷后管理和贷款催收等工作。三是补充担保基金1亿余元，以适应小额担保贷款工作的快速发展。到目前，全省共有担保基金11亿元。（2）部门通力合作的工作环境。为认真贯彻落实全国人大常委会副委员长、全国妇联主席陈至立视察江西时的重要指示精神，省人力资源和社会保障厅多次在本系统会议和培训上强调妇女小额担保贷款工作。2010年4月20日，省人力资源和社会保障厅、省妇联、省担保中心联合召开全省妇女小额担保贷款工作调度会，总结、协调和部署工作，有力地促进了部门间的相互支持、相互配合。省财政部门、中国人民银行南昌中心支行对妇女小额担保贷款工作给予了大力支持。2010年，省财政厅拨给省妇联妇女小额担保贷款工作经费30万元，并在全省财政系统简化财政贴息和担保拨付基金手续，实行“四按一减”的妇女小额担保贷款结息与担保基金拨付办法，即按时按量向经办金融机构支付贷款利息，按贷款实际、按比例拨付担保基金。小额担保贷款是一项准金融工作，专业性强。妇联在开展妇女小额担保贷款工作中，中国人民银行南昌中心支行给予了大力支持，并在政策业务上给予具体指导和帮助。各经办金融机构积极配合，为创业妇女申办小额担保贷款建立“无障碍式”的绿色通道，开设妇女小额担保贷款专门窗口，由专人按“一站式”创业服务的标准和要求提供贷款服务。

（三）做好三项结合。一是妇女小额担保贷款与创业培训相结合。积极推行创业培训与开业指导、小额贷款、税费减免、跟踪服务相结合的工作模式，有组织地对有创业愿望和具备创业条件的妇女进行创业培训，指导她们选择合适的创业项目，提高小额担保贷款扶持项目的成功率和市场竞争力。二是妇女小额担保贷款与项目服务相结合。引导妇女紧紧结合各地经济发展实际和主导产业，根据自身特点选准有市场、有效益、有前景的创业项目，特别是借助专业乡、专业村的特色产业发展优势，引导妇女立足当地，走一乡一品、一村一品的创业道路，实现创业项目、贷款资金与产业发展的有机结合，使妇女贷款创业有后劲、发展有空间。三是妇女小额担保贷款与妇联特色工作相结合。以农村妇女小额担保贷款为依托，结合“双学双比”活动、巾帼示范村创建、妇女专业合作社建设、发展来料加工等妇女工作，着力提高农村妇女综合素质和增收致富能力，催生妇女小额担保贷款工作在发展现代农业及产业结构调整中的综合效应。

2010 年 6 月，省人力资源和社会保障厅与省妇联共同启动“红杜鹃”妇联家政服务项目。“红杜鹃”家政服务企业均得到小额担保贷款的扶持，有效地推动一批妇女创业发展。鹰潭市在最繁华的商业区实施“巾帼创业城”项目，一方面投资 100 多万元建成店铺 650 平方米，以低廉价格出租给创业妇女，另一方面为创业妇女提供小额担保贷款服务，受到了创业妇女欢迎。

（四）完善四种反担保模式。一是第三责任人。除目前行政机关、事业单位在职工作人员外，经济效益好的企业管理人员和列入地方财政预算的乡村干部、公职人员、教师员工、医务人员或电信、电力、金融、保险等企业正式员工也可作为反担保人。二是抵押、质押。自主创业女性可以用本人或其亲友的房屋（产权证、土地证、契税证三证齐全）、土地、汽车、机器设备（有购置发票）、大件耐用消费品或有价证券，作为小额担保贷款抵（质）押品进行反担保，还可以用应收账款、商标、专利、股权、产权等进行权利质押反担保。三是联保、互保。对没有可供抵押、质押的资产，又不能提供合适的反担保人的，也可实行两人以上联保、互保方式进行反担保。四是评级授信（信用担保）。经办农信社对诚实守信、合法经营、依法纳税、无不良嗜好的农村创业女性可评级授信，进行信用担保。

（五）建立五种机制。一是建立部门协调机制。省、市、县三级分别成立了由政府金融办、财政、人社、人民银行、妇联、经办银行等单位组成的妇女小额担保贷款工作协调小组（联席会），负责组织、协调和监督工作，并建立例会制度，发现问题及时解决，形成共同推动的工作合力。二是建立科学运行机制。始终遵循金融工作规律，认真做好贷、用、还三个环节的基础工作，在为妇女创业申贷提供便利条件的同时，严格遵守金融规则和银行信贷规定，固化和优化工作流程，按制度办事，按程序操作，既有效支持妇女创业，又严格防范和控制信贷风险。三是建立回收保障机制。江西省在全国率先与省高级法院联合下发了《关于切实做好逾期贷款催收工作的通知》（赣人社字〔2009〕182号），规定对恶意拖欠贷款、拒不履行还款责任的借款人和反担保人，各级小额贷款担保中心可直接向有管辖权的基层人民法院申请支付令。四是建立宣传表彰机制。充分发挥广播、电视、报刊、互联网等媒体作用，大力宣传实施妇女小额担保贷款项目的重要意义，宣传妇女小额担保贷款促进妇女创业就业的政策和做法，宣传妇女创业典型的先进事迹，并对工作中涌现出的先进集体、先进个人进行表彰，形成积极的导向和良好的氛围。五是探索政策效益评估机制。2010年江西省将小额担保贷款扶持创业带动就业情况作为专题，联合人力资源和社会保障部劳动科学研究所进行研究。对全省小额担保贷款扶持的4 000名创业个体、1 000个企业进行问卷抽样调查，召开座谈会，分析小额担保贷款政策对促进全省就业的弹性系数、对扶持个人的收益状况、对当地经济增长的效果等情况。通过政策效益评估，促进小额担保贷款工作，同时也为国家完善出台小额担保贷款政策提供依据。

江西省将以此次会议为动力，按照上级有关工作要求，及时总结，认真完善，稳步推进，使这项惠及妇女创业就业的民生工程进一步开花结果。

江西省人力资源和社会保障厅　江西省妇女联合会

附录9 关于完善陕西省小额担保贷款财政贴息政策推动城乡妇女创业就业工作的实施意见

陕西省财政厅　陕西省人力资源社会保障厅中国人民银行西安分行
陕西省妇女联合会　关于完善陕西省小额担保贷款财政贴息政策推动城乡妇女创业就业工作的实施意见

陕财办企〔2009〕184号

各设区市、杨凌示范区财政局、人力资源和社会保障局、妇女联合会，中国人民银行西安分行营业管理部、陕西省内各中心支行，各国有商业银行陕西省分行，各股份制商业银行西安分行，西安市商业银行，长安银行，北京银行西安分行，邮政储蓄银行陕西省分行，陕西省农村信用社联合社：

为了贯彻落实中央“三保”重大决策部署，保障妇女发展权利，推动妇女创业就业，进一步做好妇女小额担保贷款工作，根据财政部、人力资源和社会保障部、中国人民银行和全国妇联4部委联合下发《关于完善小额担保贷款财政贴息政策推动妇女创业就业工作的通知》（财金〔2009〕72号）的要求，结合我省实际，现提出如下实施意见：

一、指导思想

以党的十七大精神为指导，全面贯彻落实科学发展观，以推动全省广大妇女自主创业、自谋职业、维护社会稳定发展为目标，紧紧围绕全省城乡妇女工作大局，充分发挥相关部门的职能作用，切实加强小额担保贷款财政贴息政策的有效作用，促进以创业带动就业，为我省社会经济又好又快发展作出积极贡献。

二、总体目标

为了进一步完善和落实小额担保贷款财政贴息政策，帮助妇女在创业发展中解决资金困难的问题，力争在2010—2015年内，通过小额担保贷款的支持，使城乡妇女自主创业、自谋职业者累计达到3万人，带动就业10万人次，发放贷款总量累计达到10亿元以上。

三、妇女小额担保贷款工作主要内容

（一）小额担保贷款的申请对象和条件。全省城镇和农村妇女均可作为小额担保贷款申请对象，具体条件按照中国人民银行西安分行、省财政厅、省经贸委、省劳动和社会保障厅转发《中国人民银行 财政部 国家经贸委 劳动和社会保障部关于印发〈下岗失业小额担保贷款管理办法〉的通知》（西银发〔2003〕25号）和中国人民银行西安分行、省财政厅、省人力资源和社会保障厅转发《中国人民银行 财政部 人力资源和社会保障部〈关于进一步改进小额担保贷款管理积极推动创业促就业的通知〉的通知》（西银发〔2008〕211号）相关规定执行，特别是各级妇联组织表彰的巾帼创业带头人、致富带头人，妇女经济合作组织领办人，“双学双比”女状元、女能手，以及经陕西省巾帼创业导师团创业导师指导和认可的创业项目等应优先给予支持。

（二）小额担保贷款的扶持范围。凡符合国家现行政策规定，适合妇女从事的微利行业的项目，重点扶持以下适合妇女创业的项目：1. 传统手工艺品制作业；2. 以吸纳妇女就业为主的家政、养老、托幼等家庭服务业；3. 家庭种植业、养殖业、加工业、制造业、运输业、观光旅游农业、农家乐等服务业。

（三）小额担保贷款的额度及期限。对符合现行小额担保贷款申请人条件的城镇和农村妇女，经办金融机构新发放的个人小额担保贷款最高额度为8万元，还款方式和计、结息方式由借贷双方商定；对符合条件的妇女合伙经营和组织起来就业、创办小企业或集体创业申请小额担保贷款的，经办金融机构可给予最高额度20万元的贷款。小额担保贷款期限一般为2至4年。对当年新招用符合小额担保贷款申请条件的人员达到企业现有在职职工总数30%（超过100人的企业达到15%）以上，并与其签订1年以上劳动合同的劳动密集性小企业，经办银行根据企业实际招用人数合理确定小额担保贷款额度，给予最高不超过200万元、贷款期限不超过2年的贷款。贷款利率按照《中国人民银行 财政部 人力资源和社会保障部关于进一步改进小额担保贷款管理积极推动创业促就业的通知》（银发〔2008〕238号）文件执行。

（四）小额担保贷款的办理程序。对符合现行小额担保贷款申请人条件的城镇和农村妇女，按照个人自愿申请，妇联组织或社区、乡镇劳动保障事务所推荐，人力资源和社会保障相关部门审核、审批，商业银行办理放贷的程序。各基层妇联组织可参照信用社区推荐的模式，直接负责推荐妇女创业贷款项目，由基层妇联组织与当地小额担保贷款机构、商业银行联合进行实地考察。妇女创业申请小额担保贷款，按照现行规定就近向县（市区）妇联或所在社区、乡镇街道劳动保障事务所提交贷款申请。妇联组织对借款人申请进行初步审核并在《陕西省创业促就业小额担保贷款申请审核表》上签署意见后，提交人力资源和社会保障部门的小额担保贷款机构审核、审批后，提交经办小额担保贷款的金融机构办理有关贷款事宜。

（五）小额担保贷款的担保办法。城镇和农村妇女创业，申请小额担保贷款的担保办法，按照国家和我省印发的创业促就业小额担保贷款有关规定执行。由基层妇联组织直接推荐的贷款项目，应承担回收责任，当地小额担保贷款机构不再实行反担保措施。

（六）小额担保贷款的贴息资金。自2010年1月1日起，经办金融机构对符合条件的城镇和农村妇女新发放的微利项目小额担保贷款，由财政据实全额贴息，展期逾期不贴息。对符合条件的劳动密集性小企业，财政按同期贷款基准利率给予全额贴息，贴息资金中央财政负担25%，省级财政负担50%，市级财政负担25%。由中央负担部分具体操作办法是：各地统一从省级下拨的中央贴息资金中支出，并按规定逐级统计上报。省财政承担的50%部分，从省级筹集的小额担保贷款基金中统一划转。

（七）小额担保贷款的奖励机制。各级财政、人力资源和社会保障部门要对妇联组织部门推荐回收的妇女创业贷款，纳入现行统一的小额担保贷款奖励机制，参照信用社区贷款考核奖励机制进行奖励。对妇联组织当年完成小额担保贷款应回收任务达到90%以上的，按照当年贷款回收总额的2%予以奖励。奖励资金从下拨各市、县（区）的省级再就业补助资金中列支，用于地方各级妇联组织的工作经费补助。奖励资金审批程序及要求按照原省劳动和社会保障厅、省财政厅、中国人民银行西安分行《关于进一步推进创业促就业工作的通知》（陕劳社发〔2006〕117号）相关规定执行。

四、工作要求

（一）健全机构、明确责任。各级政府、各相关部门要高度重视妇女创业小额担保贷款工作，切实加大妇女小额担保贷款财政贴息政策的落实力度，将其作为促进妇女创业、带动就业，维护社会稳定大局的重要工作来抓，要把妇联组织纳入为全省创业促就业小额担保贷款工作协调小组的成员单位，纳入全省创业促就业小额担保贷款目标任务考核和统计范围之中。各级财政部门、人力资源和社会保障部门、中国人民银行分支机构、妇联组织、经办金融机构要加强部门沟通协作，落实责任，推动建立政府主导、妇联配合、多方协作的城镇和农村妇女创业促就业小额担保贷款长效工作机制。

各级人力资源和社会保障部门要做好妇女创业小额担保贷款管理、指导工作，在各级小额担保贷款经办机构中设立专门针对妇女创业小额担保贷款的服务窗口，积极为广大妇女自主创业、自谋职业服务。

各级财政部门负责做好财政贴息资金、奖补资金和担保基金监督、管理工作，确保资金及时到位和专款专用。同时，要根据妇联组织工作开展情况，给予必要的工作经费保障。

人民银行分支机构要加强与当地财政部门、人力资源社会保障部门和基层妇联组织的工作沟通和协作，建立基层妇联组织小额担保贷款工作联动机制，切实利用妇联组织的组织优势、宣传优势和载体优势，落实好小额担保贷款政策，做好妇女创业就业工作；人民银行西安分行要积极配合省级财政部门及人力资源保障部门做好对小额担保贷款管理工作中成绩突出的基层妇联组织奖励标准的确定工作。

各级妇联组织要充分发挥贴近基层、贴近妇女、贴近家庭的优势，做好农村妇女申请小额担保贷款登记服务，对借款人申请进行调查，深入了解借款人的生产生活状况，对借款人的贷款需求和信用状况进行评估，按照审慎原则出具贷款推荐意见。同时，要加大妇女创业的培训力度，不断提高妇女创业的技能和成功率。要充分发挥小额担保贷款促进创业、带动就业的倍增效益，积极开展信用贷款户的推荐活动，提高贷款的回收率，更加广泛地支持妇女创业，为全民创业、自主创业、家庭创业作出贡献。

（二）主动作为，发挥优势。各级妇联组织要抓住国家出台妇女小额担保贷款优惠政策的重大机遇，充分发挥动员、组织、宣传、教育等方面优势，勇于创新，主动工作，积极配合财政部门、人力资源和社会保障部门及各金融机构，做好协调和服务等工作。着重抓住3个关键点，即：事前，协助做好对政策的宣传普及、农村妇女的基础信息登记、信贷及创业技能培训等工作；事中，认真做好农村妇女申请小额担保贷款登记服务工作，接受妇女提交的贷款申请并进行初步审核，指导帮助妇女完成贷款申请，对有贷款意愿且符合贷款条件的妇女做到应贷尽贷；事后，积极协助做好创业项目跟踪服务、资金运行状况信息反馈、协调解决承贷妇女创业中遇到的困难、贷款资金的回收等工作，做到对借款妇女家庭情况清、贷款项目清、贷款数额清、还贷能力清，确保贷款资金的有效使用，及时防范和控制贷款风险。

（三）抓好试点，扩大成效。近年来，妇联组织充分发挥内联外合的优势，很好地实施了国际计划等机构的妇女创业小额信贷项目，创造了“五户联保”等切合当地实际、成效显著的宝贵经验，妇女还款率达100%，受到国内外有关方面肯定。省上确定在以往妇女创业小额信贷工作基础好、运行状态良好的蒲城、淳化、佳县、西乡、榆阳5个县先行试点，率先纳入全省小额担保贷款体系，并在安排小额担保贷款基金时给予倾斜，扶持其健康持续发展，探索建立“整合资源、集中优势，构建妇女创业小额担保贷款社会化工作平台”的新模式。

附件：陕西省城乡妇女创业小额担保贷款申请审核表

二〇〇九年十二月三十一日

陕西省城乡妇女创业小额担保贷款申请审核表

贷款人姓名		身份证号		再就业优惠证号	
家庭住址		联系电话		邮政编码	
经营地址		联系电话		邮政编码	
贷款用途				养老保险个人账号	
贷款金额		自有资金		贷款期限	
经营项目		经营方式		营业执照编码	
妇联组织所推荐意见	（单位章） 审核人： 经办人： 年 月 日				
劳动保障部门认定是否微利项目意见	（单位章） 审核人： 经办人： 年 月 日				
劳动保障部门审核意见	（单位章） 审核人： 经办人： 年 月 日				
贷款担保机构审核意见	（单位章） 审核人： 经办人： 年 月 日				
银行审核意见	（单位章） 审核人： 经办人： 年 月 日				

注：农村妇女申请创业小额贷款需提供当地乡（镇）政府农村富余劳动力证明。

附录10　北京市妇女创业小额担保贷款实施暂行办法

北京市财政局　北京市人力资源和社会保障局中国人民银行营业管理部　北京市妇女联合会关于印发《北京市妇女创业小额担保贷款实施暂行办法》的通知

京财经一〔2010〕889号

各区县财政局、人力资源和社会保障局、妇女联合会、各国有商业银行北京市分行、各股份制商业银行在京营业机构、北京银行、北京市农村商业银行、各担保机构：

为支持本市妇女自谋职业、自主创业，合伙组织起来创业，根据《关于完善小额担保贷款财政贴息政策推动妇女创业就业工作的通知》（财金〔2009〕72号），现印发《北京市妇女创业小额担保贷款实施暂行办法》，请遵照执行。

附件：北京市妇女创业小额担保贷款实施暂行办法

二〇一〇年五月二十六日

北京市妇女创业小额担保贷款实施暂行办法

第一章　总 则

第一条　为进一步完善再就业小额担保贷款工作，保障妇女发展权利，推动妇女创业就业工作。根据《关于完善小额担保贷款财政贴息政策推动妇女创业就业工作的通知》（财金〔2009〕72号）和《北京市小额担保贷款担保基金管理实施办法》（京财经一〔2009〕1011号）的有关精神，结合北京市具体情况，特制定本办法。

第二条　本办法所称担保机构、经办银行是指与市财政局、市人力资源和社会保障局或区县财政局、区县人力资源和社会保障局签约，并承担本市小额担保贷款业务的担保机构和商业银行。

第二章　贷款担保对象、额度、期限

第三条　本办法所指妇女小额担保贷款借款人一是指符合条件的妇女自谋职业依法开办的个体工商户；二是指符合条件的妇女人员自主、合伙创办且任法定代表人或合伙事务执行人的小企业（房地产、娱乐、广告、桑拿、按摩、网吧、氧吧除外）。

符合条件的妇女是指具有本市户口，在法定劳动年龄内持有《再就业优惠证》的妇女人员、持有《毕业证书》且尚未就业的女性大学毕业生、持有自谋职业证明尚未就业的女性复员（转业）军人、农村妇女。

第四条　对符合条件的妇女个体工商户借款人申请小额担保贷款，提供的小额担保贷款担保额度不超过8万元。已经享受过小额担保贷款政策，且按时偿还贷款本息，无不良记录的妇女个体工商户再次申请小额担保贷款，提供小额担保贷款的担保额度可提高到不超过10万元。

符合条件的妇女自主、合伙创办的小企业提供的担保额度一般为20万元，或根据企业合伙人和现有职工中本市失业人员和农村妇女总人数按人均不超过10万元提供小额担保贷款担保，最高不超过50万元。

担保机构或经办银行可根据借款人实际情况合理确定担保及贷款额度。

本办法所称本市失业人员，是指具有本市户口，在法定劳动年龄内持有《再就业优惠证》人员、持有《毕业证书》且尚未就业的大学毕业

生、持有自谋职业证明尚未就业的复员（转业）军人、办理了转移就业登记并取得相关证明的农村劳动力。

第五条　小额担保贷款担保期限不超过2年，到期确需延长的，可展期1次，展期期限不超过1年。

第三章　担保基金设立、管理、风险控制

第六条　妇女创业小额担保贷款实行“统一管理、总额控制、分级审批、区别对待”的原则，即将其纳入市再就业小额担保贷款业务中实行统一管理，从市小额贷款担保基金中划定1 000万元资金额度（以下称“妇女创业专项担保基金”），专项用于妇女开办的个体工商户和自主、合伙创办的小企业的小额担保贷款业务。妇女创业专项担保基金的担保责任余额不超过妇女创业专项担保基金余额的5倍。之后若达到上限，可另行商议扩大规模。

第七条　借助妇联贴近基层、贴近妇女、贴近家庭的优势及推动妇女创业的职能，在妇女创业专项担保基金的担保责任余额范围内，项目受理、审查和批准及在保项目监控、代偿追偿均由基层妇联组织负责；担保机构和经办银行原则上负责资料合规性审查、办理担保和放款手续，提供担保和放款；财政部门、人力资源和社会保障部门、市妇联负责上述工作的指导和协调。

项目前期运作，担保机构和经办银行共同负责对基层妇联组织的业务培训和辅导，至其可独立审核。

第八条　市级担保机构应每月对在保余额进行总额管理，当在保余额接近专项担保基金余额放大5倍的额度时，应及时告知相关担保机构和银行，并就额度是否作出调整向市财政局、市人力资源和社会保障局提出申请。

第九条　在妇女创业专项担保基金的担保责任余额范围内，各区县妇女小额担保贷款实行分区县的风险总额控制，当某一区县担保逾期代偿率达到或超过20%时，则该区县的担保贷款业务暂停，应当集中进行催收，至低于上述比例后经向市级签约担保机构申请批准，可重新恢复。

区县担保逾期代偿率=[（一个区县的累计逾期、展期、借新还旧项

目余额+该区县累计的代偿项目余额）/该区县累计解除担保责任金额]×100%。

第十条　每月结束后5个工作日内，市妇联将上月各区县的项目受理审批、发放、在保、解除、代偿追偿及项目明细等情况汇总制表，经办银行将上月放款及还款情况一并报市级签约担保机构。市级担保机构将上述分别进行核对及与自行办理的小额贷款担保项目汇总后报市财政部门、人力资源和社会保障部门。

第四章　担保贷款程序

第十一条　申请人为妇女个体工商户的贷款程序

（一）申请

可向户籍所在地的基层妇联组织提出担保贷款申请，并提交以下材料一式四份（基层妇联、社保所、担保机构、经办银行各一份）：

1.《北京市妇女自主创业小额担保贷款申请、核准书》。

2. 申请人身份证件原件及复印件。如《居民身份证》、《户口簿》等。

3. 申请人资质证明原件及复印件。即《再就业优惠证》、《大学毕业证》、复员（转业）军人自谋职业证明或农村劳动力转移就业登记证明其中一种。

4.《个体工商户营业执照》、税务登记证副本、特殊行业的生产经营许可证原件及复印件。

5. 申请人经营场地使用证明。

6. 申请人已用于经营投入资金不低于担保贷款本金30%的证明材料。

7. 反担保措施资料。

8. 基层妇联、担保机构、经办银行需要的其他资料。

上述原件经基层妇联组织审查后退还给申请人，复印件应由申请人逐页签字。其中农村妇女申请小额担保贷款可不提供上述第3项材料。

（二）审核和批准

基层妇联组织在总额度之内，受理妇女小额担保贷款申请。在申请材料齐备后5个工作日内，按照担保机构的要求对申请人的继往信用情况、贷款需求、项目可行性、还款能力、经营能力及反担保措施等进行初审，按照审慎原则出具担保贷款审核意见并加盖单位公章，连同申请材料报送至社保所，社保所接到齐备的材料后，在3个工作日内对申请人的资质是否符合政策规定出具审核意见并加盖单位公章，审核意见转基层妇联组织，基层妇联组织将申请材料、审核意见一并报送区县签约担保机构和经办银行。

（三）担保和放款

区县签约担保机构和经办银行在收到材料和基层妇联、社保所的核准意见后，对项目进行资料的合规性审查，担保机构即出具《同意担保意向书》，经办银行则据此审批贷款，出具《同意贷款通知书》。担保机构、申请人、经办银行签订相关借款合同、保证合同、委托保证合同及反担保合同等，基层妇联组织受托办理（担保机构协助办理）反担保公证，经办银行办理放款手续后放款。

第十二条　妇女合伙经营、组织起来就业创办小企业且妇女任法人或合伙事务执行人的担保贷款程序

（一）申请

可向注册登记地区县妇联组织提出担保贷款申请，填写《北京市妇女小额担保贷款申请、核准书》，并提供下列文件材料（复印件需加盖企业公章）一式四份（区县妇联、区县人力社保部门、担保机构、经办银行各一份）：

1.《北京市妇女小额担保贷款申请、核准书》。

2.《营业执照》副本、《企业组织机构代码证》、《税务登记证》副本原件及复印件。

3.特殊行业生产经营许可证复印件。

4.创办人、合伙人或股东的身份证件原件及复印件。如《居民身份证》、《户口簿》等。

5.创办人、合伙人或股东的资质证明原件及复印件。即《再就业优惠证》、《大学毕业证》、复员（转业）军人自谋职业证明、农村劳动力转移就业登记证明原件及复印件其中之一。

6.验资报告原件及复印件（包括注册验资及历次的增资）。

7. 经营场所权属证明复印件。

8. 企业章程或合伙协议书复印件。

9. 贷款卡复印件和密码及贷款卡查询结果和企业出资人的个人信用报告。

10. 企业基本情况介绍。

11. 项目可行性报告（新设企业或固定资产投资或技术改造项目提供）。

12. 法定代表人资格证明、身份证、个人简历，授权代理人的授权书及代理人身份证原件及复印件。

13. 决定申请担保贷款的股东会议或合伙人会议决议书。

14. 近两年及当期财务报表。

15. 自有资金不低于贷款额度 30%的证明。

16. 产品购销合同。

17. 近一年银行对账单。

18. 拟提供反担保措施的相关文件。

19. 区县妇联及担保公司、经办银行需要的其他资料。

申请最高 50 万元小额担保贷款还必须提供以下资料：

20. 企业现有职工中本市失业人员的身份证明原件及复印件。

21. 企业招用本市失业人员签订的劳动合同。

22. 企业为职工缴纳社会保险记录。

23. 企业工资支付凭证（工资表）及复印件。

上述原件经区县妇联审查后退还给申请人，其中农村妇女合伙经营、组织起来就业创办小企业申请小额担保贷款可不提供上述第 5 项材料。

（二）审核和批准

区县妇联在总额度之内，受理符合上述条件的妇女创办小企业担保贷款申请。在申请材料齐备后 5 个工作日内按照担保机构的要求对申请人的继往信用情况、项目可行性、持续经营能力、贷款用途、还款能力及反担保措施等进行审核，按照担保机构的格式文本撰写项目审核报告，按照审慎原则出具担保贷款审核意见并加盖单位公章后连同申请材料报送区县人力社保部门，区县人力社保部门在材料齐备后3个工作日内对申请人及招用失业人员的资质是否符合政策规定，是否与招用人员按照要求签订劳动合同及缴纳社会保险出具审核意见并加盖单位公章，审核意见转区县妇联组织，区县妇联组织将申请材料、审核意见一并报送市级签约担保机构和经办银行。

（三）担保和放款

市级签约担保机构和经办银行在收到材料和区县、市妇联及区县人力社保部门的核准意见后，对项目进行资料的合规性审查，担保机构即出具《同意担保意向书》，经办银行则据此审批贷款，出具《同意贷款通知书》。担保机构、申请人、经办银行签订相关借款合同、保证合同、委托保证合同及反担保合同等，区县妇联受托办理（担保机构协助办理）反担保抵（质）押登记及公证手续，经办银行办理放款手续后放款。

第十三条　符合本办法的妇女小额担保借款人也可向户籍所在地社保所和注册登记地区县人力社保部门提交贷款申请。社保所和区县人力社保部门受理的妇女小额担保贷款申请，按照《北京市小额担保贷款担保基金管理实施办法》进行审核，贷款担保对象、额度、申请人提交申请材料可参照本办法执行。

第五章　反担保措施

第十四条　借款人应根据《担保法》的规定提供必要的反担保措施，包括：保证金、抵押、质押、保证等。担保机构在签订反担保合同时，应依法办理公证手续（自主、合伙创办小企业还需办理抵、质押登记手续），区县妇联、基层妇联组织受托办理（担保机构协助办理）反担保公证。

第十五条　借款人为个体工商户的反担保风险控制金额一般不超过实际贷款额的20%。借款人为自主、合伙创办小企业的，反担保风险控制金额一般不超过实际贷款额的30%。

第十六条　被保证人可根据担保金额大小及风险程度等实际情况，选择其中一种或几种反担保措施。

（一）被保证人可以采取保证金方式提供反担保。保证金的管理由担保机构负责，主要用于被保证人不能按照合同或约定履行义务时的支付，如保证金支付后尚有余额，在保证期满后由担保机构退还被保证人。

（二）被保证人（或第三人）以其合法财产提供抵押（质押）反担保。抵押（质押）物的范围与条件是能够依法转让并可变现的财产及其他可以依法流通或转让的权利。财产抵押（质押）物的条件应符合《担保法》的有关规定。

（三）其他法人或自然人为被保证人提供信用反担保。信用反担保的条件应符合《担保法》的有关规定。

第六章　在保项目的监督和管理

第十七条　借款人（被保证人）及反担保人应严格按照《委托保证合同》、《借款合同》的约定履行义务。要按规定用途使用贷款，按季度向基层或区县妇联、经办银行报送财务报表及项目进展情况等资料并保证其真实性，提前落实还款资金，接受上述部门对其资金使用情况、生产经营、财务活动的监督检查。借款人（被保证人）或反担保人情况发生变化（如：企业发生分立、合并、财产及法定代表人变更等；自然人发生户籍、住址、联系电话、婚姻状况变更及财务状况变化等）时，应提前或于变更发生之日起 3 日内通知基层或区县妇联、担保机构和经办银行，并主动配合有关单位及时办理相关手续。

第十八条　基层或区县妇联在接到银行放款的通知后，受托对在保项目按规定实施在保监控。要求在放款后一个月内对贷款资金的实际用途进行检查，每三个月一次对在保项目进行经营及财务状况、反担保情况的检查，贷款到期前三个月、一个月、10 天提前向借款人核实还款资金来源。要求基层或区县妇联在进行上述检查时应有书面记录。在在保项目监控中，基层或区县妇联若发现问题应及时通知担保机构、经办银行和人力社保部门，督促借款人按约履行义务。

第十九条　人力社保部门要了解妇联组织、担保机构、经办银行对在保项目的监控情况，发现问题及时反馈给相关部门。

第二十条　担保机构应指导基层或区县妇联落实在保项目监控职责。同时应不定期地对在保项目进行抽查，如发现资金损失或担保风险加大，应及时采取措施防范和化解风险，并通报基层或区县妇联、经办银行和人力社保部门，共同控制风险。

第二十一条　经办银行应加强借款人在本机构结算账户的管理，出现借款人透支和不能按期支付利息等情况，及时通知基层或区县妇联和担保机构，共同维护贷款和担保基金的利益。不定期与借款人联系，对有证据证明借款人有可能或已经恶意损失贷款的，应停止支付尚未使用的贷款，并提前收回部分或全部贷款，同时通知基层或区县妇联、人力社保部门和担保机构，最大限度使贷款免受或减少损失。

第七章　小额担保贷款的还款或代偿与追偿

第二十二条　贷款到期后，若项目按期还款，担保机构解除担保责任。经办银行应及时将借款人还本凭证传真至基层或区县妇联、人力社保部门和担保机构。

第二十三条　若到期借款人无法归还贷款，如果借款人基本面未发生重大变化只是暂时资金周转出现困难，经办银行应本着扶持企业的宗旨，与基层或区县妇联和担保机构协商予以展期。

第二十四条　借款人未能到期归还贷款且不能办理展期的，经办银行应及时向借款人发出逾期贷款催收通知书。对从事个体经营的借款人，由经办银行通知基层妇联和区县签约担保机构，担保机构协助受托基层妇联和经办银行履行追索责任；对自主、合伙创办小企业的借款人，由经办银行通知区县妇联和市妇联、市级签约担保机构，由担保机构协助受托区县妇联和市妇联与经办银行一并履行追索责任。追索期为自贷款期限届满或银行宣布贷款提前到期之日起15个工作日止。

第二十五条　追索期结束后，借款人仍未偿付贷款本金的，担保机构应在收到《代偿通知书》后5个工作日内向经办银行办理代偿资金拨付手续。代偿内容限于尚未清偿的贷款本金。

（一）对从事个体经营的，由经办银行向区县签约担保机构出具《代偿通知书》并提供相关证明文件，同时告知基层妇联和社保所。担保机构在收到《代偿通知书》后，应与基层妇联进行沟通，并在上述规定时间内从区县担保基金中暂时垫付代偿款。

区县签约担保机构应在年度终了后三个月内向市级签约担保机构提

出划拨垫付代偿款申请，同时提供上年度担保垫付代偿的有关法律文件，包括：代偿通知书、代偿资金凭据、基层妇联出具并加盖单位公章的担保贷款核准意见、追偿债权资金情况（含历年追偿债权资金情况）等。

市级签约担保机构对上述材料审查核对，确定应划拨的垫付代偿款数额后，办理资金拨付手续，从妇女创业专项担保基金中列支。

（二）对自主、合伙创办小企业的，由经办银行向市级签约担保机构出具《代偿通知书》并提供相关证明文件，同时告知区县及市妇联和区县人力社保部门。担保机构在收到《代偿通知书》后，应与区县及市妇联进行沟通，并在上述规定时间内从妇女创业专项担保基金中垫支。

第二十六条　担保机构在支付代偿款取得代位求偿权后，应督促并协同基层或区县及市妇联积极制定追偿措施并实施追偿，经办银行应予以配合。追偿措施包括：

（一）督促借款人制订还款计划，尽快收回代偿款；

（二）依法处置贷款抵押（质押）物；

（三）依法提起诉讼或申请强制执行。

第二十七条　区县签约担保机构追偿收回的资金，作为以后年度市级签约担保机构在从妇女创业专项担保基金中拨付区县签约担保机构垫付代偿款的资金来源，单独记账管理。市级签约担保机构追偿收回的资金，并入妇女创业专项担保基金本金。追偿债权所得抵债资产，应限定于国家政策允许流通和可变现的范围，其处置按财政部的有关规定执行。

第八章　附则

第二十八条　小额担保贷款利率按照中国人民银行的有关规定执行，即小额担保贷款经办金融机构对个人新发放的小额担保贷款，其贷款利率可在中国人民银行公布的贷款基准利率的基础上最高上浮 3 个百分点。市财政局对符合贴息条件的妇女借款人贴息，有关妇女创业小额担保贷款贴息政策按相关文件规定执行。

第二十九条　本办法适用于妇女创办个体工商户及合伙经营、组织起来就业创办小企业且妇女任法人或合伙事务执行人的，劳动密集型企业吸纳妇女就业申请再就业小额担保贷款按《北京市小额担保贷款担保基金管理实施办法》执行，不在此办法规定之内。

再次申请上述小额担保贷款的，在提供申请资料时，为简化手续，只需提供上次申请资料中已变更的资料。

第三十条　本办法由北京市财政局、北京市人力资源和社会保障局、中国人民银行营业管理部、北京市妇女联合会负责解释。本办法自发布之后30日后实施。

索引

致谢

来此福地执教已近十载，从专门研究国际金融问题到重点关注女性扶贫和小额信贷问题的过程中，笔者在科研上一直得到各位领导和各位同事的关照、支持和帮助。对张李玺、石春珍、黄海群、李明舜、刘利群、宋胜菊、刘梦、王京霞等领导在教学、科研等方面给予笔者的大力提携和支持，深表谢忱！洪易敏、周应江、刘学华、张香忖、咸迪咏、郑雷等同仁以及中华女子学院金融系老同事们的热情支持和精诚合作，更令笔者在科研工作中能静心思考、严谨治学，在此一并深表感谢！再有，一是要感谢笔者读博士期间的恩师北京师范大学原副校长杨国昌教授的悉心指导和热心帮助；二是要感谢中国最早投身小额信贷问题研究、最早引入孟加拉小额信贷模式、有“中国小额信贷之父”之称的中国社会科学院农村发展研究所原党委书记杜晓山教授亲自为本书作序；三是要感谢笔者的夫人张小莲女士和女儿李茂玲，她们的默默奉献和鼓励，让笔者减少了诸多缠身琐事，得以全身心投入科研工作。最后，东北财经大学出版社在本书编辑出版过程中给予了无私帮助，深表谢忱！

从事妇女小额信贷问题研究，一是为学校的学科特色建设出一把力，尽一份义务；二是为妇女经济社会地位的提高寻一条路，担一份责任；三是使笔者承担的科研课题（教育部人文社会科学研究规划基金项目“促进妇女发展的财政金融政策研究：以财政贴息妇女小额担保贷款为例”，编号：10YJA790096）之研究成果更加丰满。今以此拙作献丑，恳望借各位专家和同仁的慧眼发现缺憾，多多指教，以待提高，共同为男女平等基本国策之早日实现贡献力量！

中华女子学院金融系

李树杰

2015年8月15日